グロービスMBAで教えている プレゼンの技術

人を動かす勝利の方程式

グロービス 著
吉田素文（グロービス経営大学院教授）監修

ダイヤモンド社

はじめに
あなたの話で人は動きますか？

STORY

小菅優香、社内企画コンテスト準備でダメ出しを受ける

　小菅優香は、ネット上でさまざまな消費者向けサービスを展開するイマージング社の若手社員である。イマージング社では毎年、社員による新規企画コンテストが開催されており、小菅も日頃から接点の多い同僚たちとチームを作って応募することにした。
　チームはメンバー間の相性がよく、企画に関する議論は大いに盛り上がった。出来上がった企画案は、生け花・お茶会・和服の着付けなどのイベントを開催しつつ、ネット上で関連商品の販売やレンタルを

行うというもの。出来栄えは満足できるもので、コンテストに向けた発表資料作りも順調に進んだ。

　コンテストでは、チームのうち一人が代表して審査員や観覧する社員たちの前でプレゼンテーションを行うことになっているが、小菅はこのプレゼン役を務めることになった。小菅自身、開発部での普段の仕事では大勢の前で話をする機会がなかったし、プレゼンについてはむしろ苦手意識さえあった。しかし、チームの他のメンバーも似たような意識のようで、まじめで温和な性格の小菅に何となくお鉢が回ってきたのだ。「上手く話せるだろうか？」と不安な気持ちはあったが、将来のキャリアアップを考えるとこれを機会にプレゼンについて経験しておくのもいいかもしれないと考え、最終的には引き受けることにした。

　コンテストも一週間後に迫ったある日、チームの同僚で営業部にいる和田真由美からこんな話を聞いた。
「他のチームの話を聞いてみると、結構、プレゼンに凝ってるみたいだよ。小道具とか映像とか使ってさ」
「本当に？　それを聞くと不安になってきたなあ」
「優香なら大丈夫だよ。でも、もし不安なら私の部の先輩の寺岡さんに見てもらったら。寺岡さんのプレゼンは営業部ですごく評判いいの。頼みやすいし」
「それいいね、絶対。お願いしていいかな」

　早速、夜の間の空いた会議室を使って、プレゼンのリハーサルを行うことになった。聴き手役は和田と、彼女が誘ってきた営業部の寺岡彰宏である。
「お忙しいところ、わざわざありがとうございます。よろしくお願いします」
　小菅が話しかけると、寺岡は気さくに返事をした。
「全然かまわないよ。コンテスト本番の前に見せてもらえるなんて、

楽しみだね」
　プレゼン時間は10分。いざリハーサルを始めると想像以上に緊張し、幾度か言い淀む場面もあったが、何とか大きな破綻をせずに最後まで終えることができたなと小菅は感じた。

「いかがだったでしょうか。何でも遠慮なくおっしゃってください」
　聞いている間は終始なごやかな表情だった寺岡だが、次に出てきた言葉は厳しいものだった。
「そうだね。企画の中身はよく理解できるものだったと思う。ただ、プレゼンという意味では、うーん何と言うか、無難だな。君たち、せっかくコンテストに出るんだから、優勝したいだろう？　率直に言うと、この企画が他を差し置いて一番票を取れるか、審査員が『よしこれだ』と思うかというと微妙じゃないかな。なんだか、小学校の国語の時間に教科書の朗読を当てられた生徒みたいだった。今のままでは、その他大勢の中の一つに終わってしまうかもしれないな」

　声の大きさとか視線の送り方といった具体的な指摘があるのかと思っていた小菅は、予想外に抽象的な指摘を受けて面食らってしまった。しかも、重要なポイントをズバリと指摘されたようで、それもショックだった。小菅が固まっているのを見て、和田が助け船を出した。
「熱意みたいなものがもっと見えるといい、ということですか」
「うーん、そういう面も確かにあるかな。ただ、小菅さんも内心では熱意が無いわけではないと思うんだ」
「そうです。ただ、ちょっと慣れてないだけですよ」
「真由美、でもやっぱりこのままじゃまずいと思う。寺岡さん、直せるところがあったらぜひ直したいので、よろしくお願いします」
「この手のプレゼンをするのは初めてなんだっけ。具体的にどうすれば聴き手を動かせるのか、一言二言で指摘するのはなかなか難しい。まずは、百聞は一見にしかず、だ。自分のやっている姿を自分で見て

みるといいよ。和田君さ、営業部の備品でビデオカメラがあったろ？あれで撮影しながら、もう一回やってみよう」

誰しもがプレゼンの技量向上を求められる時代

　過去を振り返り、今ほど一般のビジネスパーソンにプレゼンテーションスキルの習熟が求められたときはなかったように思います。

　ここでいうプレゼンテーション、いわゆる"プレゼン"は、なにも、豪華な内装の役員室、目の前には重々しい表情の役員たち、プロジェクターに数十ページに及ぶパワーポイント資料を投影しながら話す、これで大きな取引の行方が決まる……というようなヘビー級のものには限りません。上司を含めた課内の打合せで新企画を提案する、関連部署の人を集めて新規施策の概要を説明する、お客様を集めたちょっとしたセミナーで数十分の講演をする……など。むしろごく日常的な場面で、プレゼンの技法を用いて人とコミュニケーションし、相手に意思決定や理解を促す局面が増えているように見受けられます。

　背景の一つにはITに代表されるテクノロジーの進化があるでしょう。

　パソコンやプロジェクターの軽量化は、パワーポイントやKeynoteといったアプリケーションを用いて作った見映えのよいプレゼン資料の展開をいつでもどこでも可能にし、ネットの高速化は故スティーブ・ジョブズ氏やバラク・オバマ大統領といった"プレゼン上手"の姿を動画で運び、理想的なプレゼンのイメージを多くの人に植え込みました。とりわけ顕著な例は「TED Talks」でしょう。技術やデザイン分野の一人者が自らの持つ優れたアイデアを短時間のプレゼンスピーチで聴衆に伝え、啓蒙するこのカンファレンスの内容は、無償で視聴可能な動画として公開され、一瞬にして世界を駆け巡ります。

　ただ、これら素晴らしいプレゼンを頻繁に目にできるように"なってしまった"ことで、内心、「まいったなぁ」と感じているビジネス

パーソンも少なからずおられるのではないでしょうか。「あんなすごいの、自分にはできないよ。無理、無理」「なるべくプレゼンなんかしないで過ごしたいんだけどなぁ」と。

けれど、背景にはもう一つ、ビジネス環境の変化が、否応なくプレゼンが必要とされる場面を作り出しているという面もあります。

【図表1】「プレゼン」の技量向上がますます求められる現代ビジネスパーソン

営業シーンでは、大量生産大量消費の時代には考えられなかったような細密な提案型の顧客開拓が求められており、いまや新卒の営業スタッフであっても顧客ニーズに即時対応しながら製品資料を書き替え、客先でパソコンを開き説明して売り込んでいます。

グローバル化の進展は、ゴルフ接待や"飲みニュケーション"といった日本固有の商習慣では説得できない顧客をより多く連れてくるに至り、MBA的な思考法に習熟した人々を前に慣れぬ手つきでパワーポイントと格闘する年配のビジネスパーソンも見受けられます。しかも、インターネットのテレビ会議システムなどにより、海外の社

員にフェース・トゥ・フェースで語りかけることも容易になっています。日本人同士だけであれば「以心伝心」で伝わったようなことでも、グローバルな環境では「目に見えるコミュニケーション」できちんと伝えていかなくてはなりません。

変化が及んでいるのは営業シーンに限りません。他にもたとえば、ITやバイオテクノロジーといった高度な技術は、より複雑性の高いもの作りを可能としましたが、その生み出すものは口頭での簡単なやりとりで伝えられるものではなく、多くの人を巻き込みながら開発イメージ通りに製品を販売するためには、工夫を凝らしたプレゼン的な技法により、あらかじめ最終形を正確に伝えきることが要求されるようになっています。

組織運営においても、「やりがい」や「自分らしさ」を求め、旧来型の上意下達のコミュニケーションでは素直に動かない部下のモチベーションを高めるため、職務の意味や意義を企業理念から遡り、共感を醸成するプレゼン型のコミュニケーションで伝えることを必要とされているマネジャーも多いでしょう。

さらに言えば、組織のリーダー的、代表的な地位に就けば、スピーチ・プレゼン力が求められる場面はますます幅広く、かつ影響力の大きいものとなります。たとえばIR活動の一環として投資家にプレゼンを行うといった場面はすっかり定着した感がありますし、しかもこうしたシーンはインターネットの動画共有サイトなどで不特定多数がアクセス可能なものとして伝播し、組織のブランドイメージを決定づけていきます。

日常的なプレゼンでの活用を目指して
——本書の構成と特徴

このような状況変化にもかかわらず、しかし、実際にプレゼンを行うビジネスパーソン自身のスキル、経験値は、残念ながら、さほどには向上していないように感じます。

筆者たちは、運営するビジネススクールや企業研修の場を通じて、たくさんのビジネスパーソンが「人前でするまとまった話」を聴く機会がありますが、苦手意識を口にしながら「ビジネス・プレゼンテーション」のクラスを受講される方は跡を絶ちませんし、実際、課題発表などにおいて、他の受講生から「なるほど」と認められるスピーチが常にできる受講生は、20から30名のクラスの中で、およそ数名といったところです。書店におけるプレゼンテーション関連本のスペースの広さも、ビジネスパーソンのプレゼン苦手意識を投影しているといっていいでしょう。

　本書は、こうしたギャップを埋めるため、グロービスがビジネススクールや企業研修で実施している「ビジネス・プレゼンテーション」クラスの内容を基盤にして執筆されました。対象は、広く一般のビジネスパーソン。そして、ごく日常的なプレゼン＆スピーチの場面で活かしていただくことを想定しています。
　先に述べた、スティーブ・ジョブズやオバマ大統領のようなカリスマによるヘビー級のプレゼンは誰しもができるものではありません。けれど、一定の思考プロセス、取り組みを経れば、いかなるビジネスパーソンであっても、日常的なプレゼンを上達させることは可能と私たちは考えています。

　全体的な構成としては、第1章にて、ビジネスパーソンにとって目指すべき「良いプレゼン」について具体的に掘り下げて考えたうえで、実際にプレゼンの準備をする際の基本的な考え方を解説します。
　そして、第2章から第4章では、プレゼン準備のステップに沿って、各ステップでどのようなことに気をつけ、どのように準備を進めていくべきか、より詳細に解説していきます。ここで紹介する原則に沿って準備を進めていけば、たとえプレゼンに不慣れだったり苦手意識を持っていたりした人でも、十分に合格ラインをクリアできるというレベルでまとめています。

最後の第5章は、それまでの準備段階に対して、実演段階での心構えやテクニックを解説します。世にあるプレゼン指南本の多くは、この部分をメインに解説していると言えましょう。本書でももちろん触れていきますが、第2章から第4章の「準備のプロセス」を強調するため、あえて簡潔な形に抑えました。

　また、読者の皆さんに、より臨場感を持って読み進めていただきたいという思いから、各章の冒頭には「ストーリー」を配置し、実際にプレゼンを準備するにあたって陥りがちな落とし穴を紹介するというスタイルを取っています。各章の途中でも、ビジネスパーソンが実際に経験した失敗例（設定は架空のものに置き換えています）を紹介していきます。皆さんも身に覚えのある話が出てくるのではないでしょうか。これらの例を鏡として、自分のプレゼンスキルを高めていっていただきたいと思います。

　本書が、多くのビジネスパーソンのプレゼンテーションに対する苦手意識を払しょくし、人前に立って話す際、むしろワクワクとした気持ちになれるよう後押しするものとなることを願ってやみません。さぁ、一緒にここから、はじめましょう。

グロービスMBAで教えているプレゼンの技術　目次

はじめに
あなたの話で人は動きますか? 　1

| STORY　小菅優香、社内企画コンテスト準備でダメ出しを受ける 　1
　　　　　誰しもがプレゼンの技量向上を求められる時代 　5
　　　　　日常的なプレゼンでの活用を目指して——本書の構成と特徴 　7

CHAPTER ①　第1章
聴き手が動きたくなるプレゼンとは　15

| STORY　ビデオを撮りながら再チェック 　16
第1節　**良いプレゼン=人が動くプレゼン** 　20
第2節　**人が動くプレゼンを作るための基本的な考え方** 　22
　　　　プレゼンを準備する際の基本ステップ 　23
　　　　ステップ1：目的を押さえる 　24
　　　　ステップ2：聴き手を理解する 　24
　　　　ステップ3：聴き手の導き方を決める 　25
　　　　よくある3つの思い込み 　27
第1章のまとめ 　32

CHAPTER ②　第2章
資料を作り始める前に時間をかけよう　33

| STORY　先輩からのアドバイスで気づいたこと 　34
第1節　**プレゼンの目的を押さえる**【プレゼンの準備：ステップ1】 　37
　　　　プレゼン後に「聴き手をどういう状態にしたいか」をイメージする 　37

聴き手の状態をイメージするには、聴き手の思考と感情の
動きに着目しよう 39
「目的を明確に」を強く意識していないと、往々にして外してしまう 41
　失敗例1 上島あかり、社長プレゼンで撃沈 …… 42
目的が明確に定まっていないと、プレゼン内容もブレてしまう 46
　失敗例2 三谷真司、欲張ったアドリブでやぶ蛇 …… 46

第2節 聴き手を理解する【プレゼンの準備：ステップ2】 49

プレゼンにおける「聴き手」を絞り込む 49
「本当の聴き手」の見つけ方、決め方 50
「聴き手の想定」にありがちな落とし穴 51
　失敗例3 武井澄佳、突然の上司の参加にとまどう …… 52
聴き手について調査する 55
聴き手の「何を」調べるか 56
聴き手について「どうやって」調べるか 57
聴き手は何を知って何を知らないか 59
　失敗例4 工藤孝一、普段多用しているこだわりのひとことが通じない …… 60

第2章のまとめ 64

CHAPTER 3

第3章 「言いたいことをひたすら言う」から脱却しよう 65

STORY 「構成を見直す」ってどういうこと？ 66

第1節 聴き手の導き方を決める—何を伝えるか
【プレゼンの準備：ステップ3−1】 71

「何を伝えるか」を決めるには、聴き手の視点で考える 71
「聴き手が疑問に思いそうなこと」を洗い出すヒント 73
聴き手の疑問に答えるメッセージとロジックを固める 75
　失敗例5 田辺直美、絶好の事例のつもりが聴き手に響かず …… 78

第 2 節　**聴き手の導き方を決める―どのように伝えるか**
　　　　【プレゼンの準備：ステップ 3 - 2】　　　　　　　　　　　82
　　　聴き手を導くストーリーラインを考える　　　　　　　　　82
　　　ストーリーラインの原則　　　　　　　　　　　　　　　　84
　　　ストーリーラインの典型例　　　　　　　　　　　　　　　86
　　　聴き手の心をつかむ　　　　　　　　　　　　　　　　　　88
　　　　失敗例6　室井新太郎、思わぬ話題で聴き手の地雷を踏む　……　90
　　　聴き手の印象にインパクトを残す　　　　　　　　　　　　92

第 3 章のまとめ　　　　　　　　　　　　　　　　　　　　　　　95

CHAPTER
④　**第 4 章**
　　スライド作りと演出を考える　　　　　　　　　　　　97

|STORY|　この図をスライドに入れたい、でも時間が足りない！　　98

第 1 節　**スライド作成の技術**
　　　　【プレゼンの準備：補論1】　　　　　　　　　　　　　101
　　　メッセージとストーリーラインあってこそのスライド作り　　101
　　　一枚のスライドの中で整合性をとる　　　　　　　　　　　102
　　　距離を置いたところから見たときのわかりやすさを追求する　107

第 2 節　**スライド以外の演出手段**
　　　　【プレゼンの準備：補論2】　　　　　　　　　　　　　113
　　　印象に残す仕掛け　　　　　　　　　　　　　　　　　　113
　　　プレゼンを補助する機材　　　　　　　　　　　　　　　114

第 4 章のまとめ　　　　　　　　　　　　　　　　　　　　　　117

CHAPTER 5 第5章
練習・リハーサルのやり方とチェックポイント　119

| STORY | もう一度ビデオを見ながら、立ち居振る舞いに注意する　120

第1節　プレゼンでの一般的チェックポイント　123
　　　　立ち居振る舞いはここをチェック　123
　　　　話し方のチェックポイント　128
　　　　日ごろからの行いがパワーとなる　130
　　　　なるべく多く"打席"に立つ　133

第2節　状況に合わせた演出のテクニック　136
　　　　聴き手の心理状態に合わせて行動を変える　136
　　　　流れに応じた演出を行う　139
　　　　こんなことが起こったら……　143

第3節　リハーサルでのチェックポイント　147
　　　　リハーサルの目的は　147
　　　　「中身を覚える」タイプのリハーサル実施時のチェックポイント　148
　　　　失敗例7　牧野友紀、リハーサル不足が招いた苦い思い出　……150
　　　　忙しくて時間が無い場合の「ダイジェスト版リハーサル」　152

第5章のまとめ　154
| STORY | プレゼンを終えて　156

あとがき
志を高く、可能性を信じる　159

執筆者紹介　163

CHAPTER 1

聴き手が動きたくなる
プレゼンとは

STORY

ビデオを撮りながら再チェック

　寺岡の発案で、ビデオカメラでプレゼンの様子を正面から撮影しながら、もう一度リハーサルをすることになった。最初に比べて今度は緊張感も薄らぎ、ジェスチャーを入れたり、声色に感情を込めることも意識してできたと思われた。

　撮ったばかりの動画を、早速、再生してみる。10分のプレゼン時間が小菅には長く感じられた。見終わったところで、寺岡が口火を切った。

「どう？　こうやって、自分の発表している様子を見ての感想は？」
「恥ずかしいですね。ただ、寺岡さんが『訴えかける感じがしない』とおっしゃった意味はよくわかりました」
「うん、でも最初よりはよくなったよ」
「自分でも、気持ちを込めることは結構意識したつもりだったんです。確かに、ところどころそれっぽい仕草をしてますけど、やっぱり全体の印象としてはインパクトが弱いです。面白そう、聴こうかな、

という気にならないですよね。正直、ヘコみます。どうしよう、誰かに代わってもらえないかな」
「何言ってるの。優香でダメなんて言ってたら、他の人もたいがいアウトよ。自信持ってよ」
「僕も、営業に入って初めてお客様の前でプレゼンしたときにはね、こんなふうに何日か前にムービーに撮ってもらって、それを見ながら練習したものだ。やっぱり最初に自分がやっている姿を見ると、『穴があったら入りたい』とはこのことか、と思うよね。でも、プレゼンで行動するべきセオリーというのはあるんだ。そこをきちんと守っていけば、グッとよくなるよ」
「はい、がんばります」

「本来ならいろいろと教えてあげたいことは多いんだけど、実はもう少ししたら仕事に戻らないといけない。そこで、即効性があるところに絞って言うね。今回のプレゼンをするにあたって、原稿は書いたかい？」
「原稿、ですか？ パワポのスライドではなくて？」
「いや、パワーポイントのことじゃない。しゃべりの部分を文字に書き起こしたものだ」
「ええと、スライドごとに、言うべきポイントを箇条書きでメモしていました」

「それで上手くしゃべれただろうか」
「ああ……、確かに、その場で言葉をひねり出そうとして焦ってしまったかも」
「うん、その場で言葉を考えるから焦ってしまって、どうしてもたどたどしくなりがちだね。それもあるが、事前に原稿を考えておかないことのマイナス面は、ただ『たどたどしくなる』だけじゃないんだな。何だと思う？」
「マイナス面、ですか……。何でしょう？」

第1章 聴き手が動きたくなるプレゼンとは —— 17

「それは、演出をきちんとやりきれず、ありきたりで平板な展開になりがちという点だ。つまり、こういう話の流れにすればより聴き手の興味を引くだろうとか、こういう言い回しの方がより印象に残るだろうとか、もっと細かいことを言うと、この言葉を言う前に少し間をおいてタメを作ろうとか。本来、プレゼンにはそういう工夫がすごく重要なんだけど、箇条書きで大枠の進行だけを頭の中で思い描いていても、なかなか具体的な工夫ができないんだよ」

「なるほど、確かに事前準備のときに頭の中で一応『こんなふうにしゃべって……』みたいな想像はしてみたんですけど、結局、実際に話すときになったらそんなことは頭から飛んじゃっていました」

「そう。箇条書きレベルの大筋をいくら把握していても、具体的な一言一句をその場の流れに任せて考えて、それでいてきちんと意味のある演出効果を持たせるなんて、よほどのアドリブの天才か、場数を踏んだベテランでないと無理だ。ということは、事前に、具体的な言い回しのレベルまで推敲したうえで臨むしかない」

「うーん、言われてみればそうですね」

　和田が口をはさんだ。
「でも寺岡さん、口頭で伝えることを補助するためにも、パワポのスライドがあるんじゃないですか？　そこに書いておけばいいのでは？」
「口頭で説明しきれない分、スライドの情報を詳細にしようという発想は、ついやってしまいがちだが、効果的でないことが多い。一つのスライドに文字数を詰め込み過ぎてしまって、相手に伝えきれなくなってしまうんだな」
「ああ、プレゼンで、字が小さすぎて読めないスライドを見たことあります」
「それに、さっき原稿を作ろうといったけど、文字情報だけで聴き手が感動するかというと、そうでもない。いいことを言っていても、小声でボソボソ話していたんではまずいだろう？　原稿の作り込みと、実演とは、両方揃う必要があるんだ」

「なるほど」

　寺岡は腕時計をチラッと見て言った。
「ということで、ここから先は宿題だ。もう一度このムービーを見て、今度は具体的に、話の組み立てや部分部分での言い回しについて、どんなふうにすればよかったか分析してみたら。そして、その分析をもとに原稿を作ってみること。時間がなければ、せめて重要な部分だけでも原稿を書いたらいい。書いたら、とにかく口に出して練習すること。あとは、ムービーを見て、自分の仕草や振る舞い方で気になった点があったら書き出してみるといい。明日はずっと出先なので、相談したいことがあったらメールでね」
「はい。お忙しいところ、ありがとうございました」
　寺岡の立ち去った会議室で、小菅と和田は動画を見ながら修正が必要な点をチェックしていくことにした。

CHAPTER ① SECTION ①

良いプレゼン＝人が動くプレゼン

　さて、皆さんは、「良いプレゼンテーション」と聞いて、どのようなものを想起されるでしょうか。

　「はじめに」でも言及した、オバマ大統領やジョブズ氏を思い浮かべられた方は多いかもしれませんね。「Change」「Yes, We Can」といった力強い言葉をスローガンに掲げて選挙戦を制したオバマ大統領の演説。トレードマークの黒いタートルネックにジーンズ姿で壇上にあらわれ、サプライズ満載の内容で観客を引き込んだ故スティーブ・ジョブズ氏の新製品発表。あるいは、「お・も・て・な・し」の愛らしいジェスチャーでオリンピック招致委員を魅了した、IOC総会での滝川クリステル氏のスピーチが記憶によみがえった方もいらっしゃるかもしれません。

　いずれも確かに「良いプレゼン」であることは間違いなく、実際、プレゼンテーションに関する書籍の多くでも、頻繁に好例として取り上げられています。ただ、これら華やかな事例を思い起こすとき、もし、皆さんの頭の中に、「あんなプレゼンができるのは一部の特別な能力を持った人や有名人だけ。自分には良いプレゼンなんて一生できっこない」といった諦めが浮かぶとしたら、それは、半分は正しく半分は間違っている、と、筆者らは考えています。確かに、「あんなプレゼンができるのは一部の特別な能力を持った人や有名人だけ」かもしれない。けれど、「良いプレゼン」は誰であってもできるように

なるものだからです。

　筆者らが考える「良いプレゼンテーション」の要件は、とてもシンプルなものです。
　営業先のお客様や、会社の上司、同僚、セミナーの聴衆など、相手は誰でもかまいません。少数にせよ大人数にせよ、とにかく、なんらかの「目的」に基づき、あなたの話を聞くために集まった「聴き手」が、あなたの目論見どおり「動く」こと。つまり、話し手の設計通りに「人が動くプレゼン＝良いプレゼン」であると、定義しています。

「動く」というのは何も、聴き手が感動と熱狂の渦に巻かれることとは限りません。聴き手がプレゼン後にどうなっているとよいかのレベル感は、第2章第1節で詳しく述べますが「プレゼンの状況次第」で十分なのです。たとえば営業活動において、ここが顧客の意思決定につながるぞという場であれば、顧客を「よし決めた、御社にしましょう」という気持ちにさせることが目標と言えます。一方、聴き手にとって難しいお願いを切りだすプレゼンならば、そこまでポジティブでなくても「仕方ない、わかりました」と思わせられれば合格と言えるでしょう。あるいは、社内の各部署が会した施策報告会で一席話すときには、「好意的な感想とともにこちらの話を聴いてくれた」状態こそが目指すべきラインかもしれません。

　ここで大切なのは、話し手の目的にかなった形で聴き手が動くこと。こちらの希望する方向に、プレゼンを行う状況に照らしてちょうどよい程度で、聴き手の行動／態度／心象が無理なく変化すること、といえます。私たちが、オバマ大統領やジョブズ氏、滝川クリステル氏のスピーチが「良いプレゼン」だったと考えるのは、それがカリスマスピーカーによる華やかなものだからではなく、大統領選に勝つ、新製品に期待を抱かせる、オリンピック招致をもぎ取る、といった、目的の達成につながるよう聴衆を動かすことができたから、なのです。

人が動くプレゼンを作るための基本的な考え方

　では、良いプレゼンとは具体的に、どのような特徴を持つものなのでしょうか。たとえば冒頭の"つかみ"の段階で聴衆をワッと沸かせるもの、見やすく美しいパワーポイントと共に語られるもの、あるいは「最初に結論が3つ」とコンパクトに説明されるもの……。

　一般的なプレゼンテーションの本などでよく説明されているこうした要素は、いずれも良いプレゼンに頻度高く見られるものではありますが、必要不可欠というものでもありません。つかみなど一切なく、パワーポイントも使わず、訥々と語られるプレゼンであっても、人が心動かされるものはありますし、話し手が結論を明確にしていなくとも、プレゼンの最後に聴き手が自然とそれをつかみ取るものもあります。

　良いプレゼンというものを、こうした目に見える特徴として理解し、習得しようとするのは、あまり上手い考え方ではありません。もちろん、成功確率の高いテクニックを取り入れ、自分のものとしていくのは重要なことです。ただ、より大切なこととして記憶いただきたいのは、良いプレゼンとは、その構築プロセスに再現可能な特徴があるということなのです。

　成功するプレゼンテーションには、セオリーがあります。このセオリーを押さえていけば、皆さんも相手に「なるほど」と思ってもらえ

るプレゼンテーションができます。「なるほど」と思ってもらえるプレゼンテーションにおいて何より重要なこと、それは「当日」以上に事前の「準備」です。そして、準備といってもただやみくもに資料を作ったり、原稿を書いてそれを暗記したりするのではなく、きちんと押さえるべきステップがあります。このステップを確実に踏んでいくことで準備をしましょうというのが、本書が皆さんにお伝えしたい最大のメッセージです。

プレゼンを準備する際の基本ステップ

では、プレゼンテーションの「準備」のステップとは、どのようなものでしょうか。私たちは、日夜スクールや研修で開催している「クリティカル・シンキング」や「ビジネス・プレゼンテーション」のクラスで得た知見をもとに、以下のようなステップが重要だと考えるに至りました。

【図表2】プレゼンテーション準備のステップ

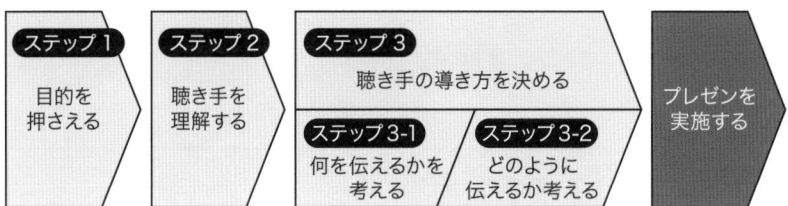

プレゼンテーションの成功はこの準備にかかっており、準備とはこのステップ一つひとつを考えることです。この整理ができているだけでも、あなたのプレゼンテーションは格段に変わるはずです。言いかえると、このステップを意識しないまま、ただやみくもに準備をして

も上手くいきません。

　個々のステップでの具体的な方法論については次章以降で詳説しますが、その前に以下に概観を記していきます。

ステップ１：目的を押さえる

　プレゼンテーションをすることになった時、まず最初にやるべきことは、そのプレゼンを行う目的とは何かを考えることです。プレゼンを行う目的を一般的に大きく捉えれば、「聴き手を話し手に共感させ、行動を起こしてもらうこと」です。この大枠の中で、今回あなたがプレゼンをすることになった文脈、状況に従って、プレゼンの目的が具体的に定まってくるはずです。

　これは、言いかえると、聴き手がどんな状態になってほしいのかを考えることでもあります。プレゼンは自己満足で行うものではありません。相手の感情や思考に働きかけ、行動を起こしたり、態度を変えたりしてもらうものです。だから、皆さんは聴き手について、「何を知ってもらう必要があるのか」、「何をどの程度納得してもらう必要があるのか」、「どんな気持ちになってもらう必要があるのか」など、はっきりとしたイメージを持つ必要があります。

ステップ２：聴き手を理解する

　ステップ１で考えた「プレゼン後の聴き手の状態」に至る過程をよりはっきりさせていくために、ステップ２「聴き手を理解する」に移ります。

　相手がどんな人で、どの程度の情報を持っているかなどがわからなければ、どんな筋道でその人の認識や行動を変容させていくか、作戦

の立てようがないからです。

　特に、コンサルティング営業で取引先のキーパーソンに初めて提案するとか、社内の重要人物にプレゼンをするなど、聴き手のことをよく知らなかったけれど、このプレゼンをきっかけに関係を築きたいというような場合には、情報収集が非常に重要になってきます。聴き手自身に関する情報収集のみならず、聴き手に影響を及ぼすであろう力のある人の名前、たとえば役員の中で最も高いポジションにいる人物や、決定権限をもっている管理職の名前なども確認できるとよいでしょう。

　このように、聴き手について情報を集め、聴き手を動かすのに何が効果的なのかを理解するのです。

ステップ3：聴き手の導き方を決める

　ステップ1で定めた「プレゼン後の聴き手の状態」にするために、ステップ2で得た「聴き手の理解」を基にどう導くかを考えます。このとき意識したいのは、聴き手の認識、意見、感情はプレゼンの間じゅう、移ろっているということです。それを想像しながら「何を伝えるか」を考え、そのうえで聴き手に「どのように伝えるか」、すなわち聴き手の導き方を決めていきます。

　本書では、「何を伝えるか」と「どのように伝えるか」を以下のように区別していきます。

①「何を伝えるか」

　ほとんどの場合、プレゼンにかけられる時間には限りがあります。話し手の言いたいことを好きなだけ話せるプレゼンというのはめったにありませんし、仮にできたとしても聴き手にとって有益とは限りません。繰り返しになりますが、プレゼンは自己満足ではできません。常に、聴き手の視点で聴き手が持つであろう疑問や質問を考え、取り

上げるべき話題と、伝えたい内容（メッセージ）をどんな表現で言うかを決めます。自分が言いたいことではなく、聴き手が何を求めているのかを考えるのがポイントです。

②「どのように伝えるか」

ここでは、①で決めた話題とメッセージを「どんな順番で」「どんな演出効果とともに」伝えるかを指します。一見して同じ話題やメッセージでも、伝える順序や伝え方によって聴き手の理解・納得の度合いは大きく変わります。特に、どんな順番で話題やメッセージを展開していくかを「ストーリーライン」と呼び、このステップでは非常に重視しています。

なお、ステップ３内では、①「何を伝えるか」→②「どのように伝えるか」と表現しましたが、この二つは必ずしも「①が定まってから②へ移る」というものではありません。②を考えているうちに、「このストーリーの流れならこの話題についても触れておこう」というように、①を変えていくこともありえます。言わば、①と②を行きつ戻りつしながら導き方を決めていくことは十分ありえます。

いかがでしょうか。ここまでの準備を経てはじめて、聴き手を前にして実際に話をすることができます。実際に話をする段階では、説得力のある語りや印象的な立ち居振る舞いを組み合わせて、聴き手にメッセージを確実に受け取ってもらうことが重要ですが、そうした実演の詳細は、第５章に譲ります。

たとえ十分な準備をしても、プレゼンの本番で実演に失敗してしまえば、それまでの苦労が水の泡になってしまうことは事実です。しかし、それなりにビジネスの経験を積んだ、皆さんが普段対峙するような聴き手は、単に見てくれのよしあしだけには動かされない、公平な判断力を持っているはずです。ここまでのステップを意識して内容を

組み立てれば、必ずや皆さんのプレゼンの質はアップすることでしょう。

よくある３つの思い込み

個々のプロセスの詳細に入る前に、「良くないプレゼン」についても考えてみましょう。

前述のとおり、多くのビジネスパーソンにとっては、人々を前にまとまった話をし、それによって彼らを動かす、あるいは実際に動かないまでも聴き手から好意的な反応を引き出すことは、なかなか難しいというのが実情ではないかと思います。

難しい理由は何でしょうか。よく言われるのは、「スキルを教わっていないから」「場数を踏んでいないから・不慣れだから」というものです。

確かに、日本の学校教育の中で「人前でまとまった話をするためのスキルについて、体系的に教わる機会も練習する機会も（欧米と比べて）少ない」という指摘は概ね当たっているように思います。ただ、「場数を踏んでいない」というのは、そろそろ的外れになってきていると考えます。十年以上前であれば日本企業内ではそういう環境もあったかもしれません。しかし、前述のとおり、現代ではプレゼンスキルの重要性・必要性は広く認識されているし、実際にスキルが求められる場面も日常的になっていると思います。

にもかかわらず、ビジネスパーソンにプレゼンスキルが身につかない、いつまでも不慣れな感覚がつきまとうのは、これを習得する機会を妨げるいくつかの「思い込み」があるからではないでしょうか。

よく聞かれるものとして、たとえば、こんなものがあります。
- プレゼンは、一部の特別にパワーのある人がやれば上手くいくが、そうでない人は、努力してもしょせん五十歩百歩だ
- プレゼンは、現場における臨機応変な対応が最重要であり、その場の応対次第で何とかなる
- プレゼンは、話の中身を練り込めばおのずと伝わる

　先ほど「プレゼンが上手いこと」の必要性はビジネスパーソンの間に認知されてきていると書きましたが、一方で、それでは自分のプレゼン力を高めるために何か具体的なアクションを取っている人はどれだけいるかというと、まだまだ少ないというのが私たちの実感です。この「差」はどこからくるかと考えてみると、ごく一般的な普通の人が工夫と努力でプレゼン力を高めることができるという点が、あまり実感されていないようです。プレゼン力は、限られた一部の「得意な人」か、あるいは地位、権力、有無を言わせないような当該分野での経験と実績など、説得力の源泉となる要素を元々持っている人のもので、それほどの魅力や属性を持たない自分には、努力しても高が知れていると思っている人が多いからではないでしょうか。

　プレゼンが成功するためには、プレゼンスキルとは直接関係の無いその人の実績や地位、ルックスのよさ、押しの強さ、あるいはいわゆる「カリスマ性」が効くということはしばしばあるでしょう。そして、上記の要素は、ある意味で一朝一夕には獲得できないのも事実でしょう。しかし、実績や地位、カリスマ性などは、確かに「あれば有効」ではありますが、かといって「平凡だとダメ」なものでもありません。第2章以降で詳述していきますように、プレゼンを成功させるために必要な要素は他にもたくさんあります。カリスマ性や押しの強さが並以下でも、他の要素で有効打を稼ぐことで、聴き手を動かすための合格ラインを突破することは十分可能なのです。さらに言えば、外見や演技力と言った、一見持って生まれたセンスがモノを言うようにみえる要素についても、適切な訓練によって短所を補うことができ

ます。天性のものだからとあきらめてスキル向上の機会を見送ってしまうのは、実にもったいない姿勢だと言えます。

　この「自分程度の者は、いくら努力しても大して上手にはなれない」という思考を脱却して、自分もプレゼンの上達に向けてがんばろう、と心に決めたとしても、次に立ちはだかるのがこの「現場での臨機応変な対応こそ重要」という思い込みです。より正確に言うと、積極的にこう「思い込んでいる」というよりは、何となくそういうものだと思ってしまっている、という感じでしょうか。
　たとえば「人前で緊張しすぎないようにする」とか「聴き手の顔をよく見る」とか「最初に何かジョークを言って笑いを取る」というような、プレゼン現場におけるいくつかのコツというものは、昔からよく言われていますし、その重要性を否定するものではありません。しかし、こうしたコツさえつかんでいれば、あとは自然体で臨んで自分の言いたいことを頭に浮かんだ通りに話せば万事OK、ということにはなりません。
　聴き手は誰か、プレゼンの後で聴き手をどういう状態にしたいのか、そのために伝えるべきことは何か、どういう順序がふさわしいか、というように、話す中身についても体系的な事前準備がきわめて重要なのです。
　また、その場での行動や振る舞いに関するスキルも、単にその場での対応力というだけに留まらず、プレゼンの進行に沿ってさまざまなものがあり、これらは日頃から意識して身につけていかないと一朝一夕には上達しないものです。

　そして、「プレゼンは中身の準備が大事」ということを理解されたとしても、今度は原稿やスライド資料の完成度「だけ」にこだわってしまう人もまた多いのです。もちろん、「準備をしよう」という意識があるだけ、何も準備せず無手勝流で臨む人よりよいとは言えません。しかし、話の中身の論理性・説得力は、プレゼンが上手くいくうえで

確かに重要な要素ではありますが、残念ながらそれだけでも決して十分ではないのです。聴き手の分析やその場の立ち居振る舞いも同じように重要になってきます。

どんなに話す中身や資料を整えたとしても、聴き手の興味関心から外れたことを力説したり、話し手の立ち居振る舞いが反感を買うようなものでは、上手く伝わりません。聴き手分析や実演がつたないままでは、いくら原稿やスライドの質を高める手間をかけても、無駄に終わってしまう可能性が高くなります。

この思い込みの厄介な点は、原稿やスライドだけにこだわっていると、プレゼンのためにせっかく熱意と手間をかけて準備したのに、聴き手の受けが悪いという空しさ、徒労感につながりがちなことです。そうなると、「プレゼンの成否と準備にかける努力とは関係ない」という思い込みが強化されていってしまうのです。

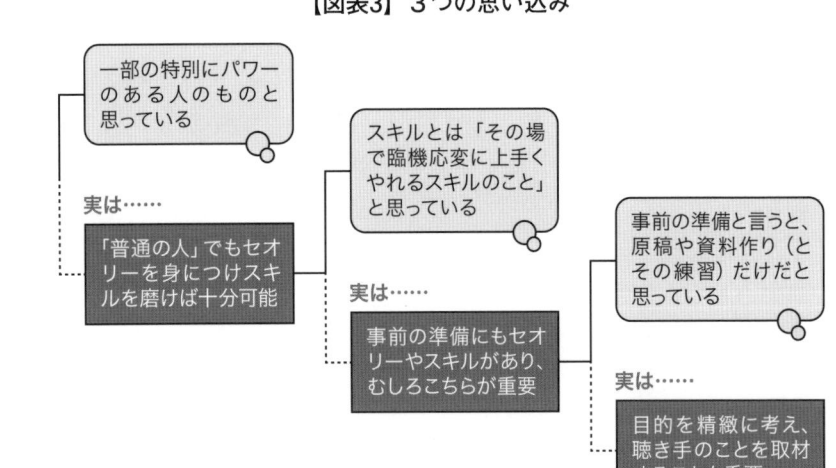

【図表3】 3つの思い込み

いかがでしょうか。もし皆さんの中で、少しでも思い当たる節があれば、まずその思いこみを捨てるところから、次に始まる章と向き

合っていただければと思います。プレゼンは特別な人だけが成功させられるものではありません。聴き手の関心に沿う形で中身を作り、しっかりと準備して臨めば、高い確度で目的にかなった結果を手にすることが可能なコミュニケーション手法の一つです。

　ぜひ、心の枷(かせ)を取り払い、挑戦していっていただければと思います。

第1章のまとめ

一般のビジネスパーソンに求められるプレゼンとは、「聴き手を動かす」プレゼン
- 話し手の目的にかなった形で聴き手が動いてくれるのがよいプレゼン
- 大勢を対象とした目立つ場面での華やかなプレゼンだけがプレゼンではない

プレゼンを準備するための基本ステップが重要である
- ステップ1：プレゼンの「目的」を押さえる
- ステップ2：聴き手を理解する
- ステップ3：聴き手の導き方を決める
　　　　　① 何を伝えるか
　　　　　② どのように伝えるか

よくある思い込みから脱却しよう！
- プレゼンは一部の特別な人だけのものではない。普通の人も、適切な手順を踏めば上手くなれる
- プレゼンは現場の臨機応変な対応が全てではない。事前の丁寧な準備や練習こそが大事
- 資料や原稿の準備に注力するだけでも十分ではない。目的の把握や聴き手の理解、実演上のさまざまな振る舞いなど、押さえるべきポイントは他にもある

CHAPTER 2

資料を作り始める前に
時間をかけよう

STORY

先輩からのアドバイスで気づいたこと

　小菅と和田の二人は、プレゼンのリハーサルを撮影した動画を見て、互いに感想を言い合うことにした。
「優香の話す姿それ自体は、全然悪くないと思うけどな。声は大きくて聴きやすいし、たどたどしい感じもしないし、表情も明るい」
「でも、寺岡さんは『訴えかける感じがしない』と言っていた。私自身も、確かにそういう面はあるなと感じるのよね。何がいけないんだろう？」
「声も悪くないし、表情もいいとなれば、残るは話の中身かな」
「でも、『企画自体は面白いと思う』とも言ってた。それって、あとはプレゼンのやり方次第だ、ということよね」
「うーん、確かに。そういえば『小学生が当てられて教科書を読んでいるよう』とも言ってたわ。どこかかしこまったというか、ありがちな型にはまっているという感じはするかも。去年までのコンテストの発表の様子、覚えてる？　みんな、もっと弾けてるというか、しょっぱなからそのプレゼンの世界に入り込んでいたな」

「うん、なるほど。これはコンテストだもんね。遠慮したり謙遜したり、そんな態度を見せる必要はないんだ」
「それで思い出したんだけどさ、確かに全体としてはもっと積極的に弾けた雰囲気だったけど、高評価なものは必ずしも奇をてらった感じではなかったと思う。でも、プレゼンの冒頭から思わず引き込まれる話になってた」
「そうか、もっと積極的な雰囲気と、冒頭から聴き手の関心を引き込む展開ね。原稿を作る際の方向が見えてきた気がする。もう一度、自分で見直してみるね。真由美、ありがとう」

　小菅は自席に戻り、一人原稿の下書きを作り始めた。
　（訴えるものがないと言われて、気持ちがこもっていないという意味かと思っていたけど、それだけじゃないんだな。聴く人の興味を喚起していない、アピールすべきポイントを前面に打ち出していない、という構成の問題でもあるんだ）
　しばらくの間、既に作ってあったパワーポイントのファイルとにらめっこしながら原稿を書こうとしたが、なかなか筆が進まない。いくつか、企画のメリットを説明する部分について、平板な言い回しから、聴き手にとっての魅力をよりアピールするような表現に書き換えてはみたものの、先ほどの和田との意見交換のときに出てきた「冒頭から聴き手の関心を引き込む展開」というものが、一向に思い浮かばないのだった。
　何か参考にできればと考え、テレビの教養番組で印象に残っていたものを思い出したり、インターネットで評判になっているスピーチの動画を探して見てみたりした。どうやら、「聴衆への問いかけ」から始めるのは、一つの有力な手らしい。これで行ってみようと決めたが、自分たちの企画に当てはめたときに、どんな問いかけが上手くはまるのか、迷ってしまうのだった。夜も更けてきて、頭もボーッとしてきた。
　（申し訳ないけど、甘えついでに寺岡さんに思い切って相談のメー

ルを打ってみよう。相談するときはメールで、とおっしゃっていたし）

「寺岡さん、お疲れさまです。本日は私たちのためにお時間を割いてくださり、本当にありがとうございました。あれから、原稿作りに着手してみました。聴き手からみて魅力的な表現を使う、というポイントは対応できたと思いますが、冒頭からプレゼンの世界にグッと引き込む展開、というところでアイデアが出ず悩んでいます。厚かましいお願いでまことに恐れ入りますが、何かきっかけとなるようなアドバイスがございましたら、よろしくお願いいたします」

　翌朝、出社すると寺岡からの返信が届いていた。
「小菅さん、遅くまでお疲れさま。昨日は中途半端なところで失礼しました。聴き手を引き込む展開について、とのこと。とても重要なポイントに気がついたね。実は、どんな展開がいいかで迷ってしまうのは、無理もないのです。まず、今回の聴き手はどんな人かを決めることが先決です。僕が普段やっている営業のプレゼンでも、まず、お客様の中で誰が意思決定者なのか、を考えます。うちのコンテストの場合、審査員がいるよね、やはり彼らが何に興味を持つか、何を重視して評価するか、それによって構成が変わってきます。
　あと、冒頭から引き込むための工夫で、話の中身以外について何か一つ言うなら、一般論だけど視覚的効果は検討に値すると思う。画像や映像、あるいは何かの小道具とか。
　それでは、がんばって！」

　小菅は、早速感謝の気持ちを表す返信メールを打ちながら、プレゼン原稿の修正に光が差し込んできたことに軽い興奮を覚えていた。
（そうだ、聴き手は誰かというところから出発しないといけなかったんだ。とすると、これまでの審査傾向から考えると……、うん、だいぶ方向が見えてきたぞ）

CHAPTER ② SECTION ①

【プレゼンの準備：ステップ1】
プレゼンの目的を押さえる

プレゼン後に「聴き手をどういう状態にしたいか」をイメージする

　これまで何度か触れてきたように、プレゼンテーションの目的を大きく捉えれば、「聴き手が話し手に共感し、行動を起こしてもらうこと」となります。

　ステップ1の「目的を押さえる」では、これを前提としつつ、「今回のこのプレゼン」では具体的に聴き手をどういう状態にしたいか、をより明確にしていきます。

　まず、ごく基本的な話ですが、今回のプレゼンの状況設定を把握します。具体的にはいわゆる「5W1H」を押さえておけばよいでしょう。すなわち、以下のような点です。

- いつ（When）：　　　プレゼンを行う日時
- どこで（Where）：　プレゼンを行う場所、会場の様子
- 誰に（Whom）：　　聴き手（参加者）はどんな人か
- 何を（What）：　　　どんなテーマ（題目）で話すのか
- なぜ（Why）：　　　どういう経緯で、その日時、場所、聴き手、テーマであなたが話すことになったのか
- どのように（How）：プレゼンを行う形式（資料を使うかなど）

第2章　資料を作り始める前に時間をかけよう —— 37

【図表4】プレゼンの状況を確認する

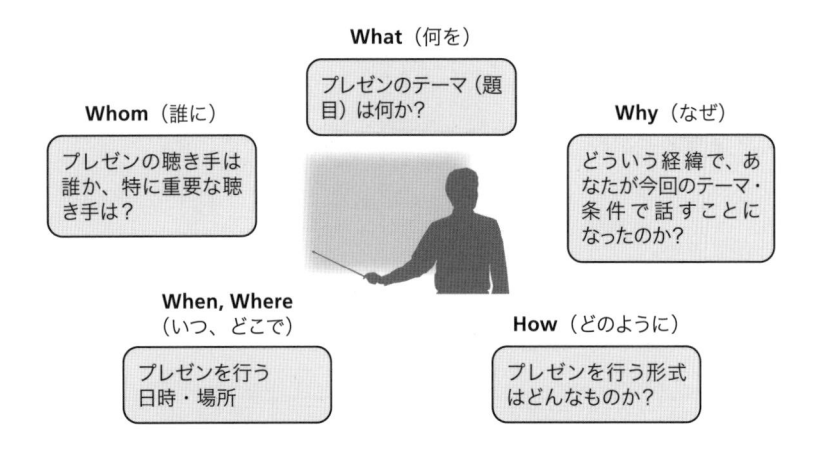

What（何を）
プレゼンのテーマ（題目）は何か？

Whom（誰に）
プレゼンの聴き手は誰か、特に重要な聴き手は？

Why（なぜ）
どういう経緯で、あなたが今回のテーマ・条件で話すことになったのか？

When, Where（いつ、どこで）
プレゼンを行う日時・場所

How（どのように）
プレゼンを行う形式はどんなものか？

　これらの情報をしっかり確認することで、自分がこのプレゼンで果たすべき役割を把握することができます。大筋でここから外れないことは重要です（聴き手の期待をわかったうえであえて裏切るプレゼンというのもありえますが、その場合でも状況を把握しておくことはやはり重要です）。
　ただし、これらは「目的を押さえる」うえでは出発点にすぎません。ここから、さらに解像度を上げて、よりきめ細かく見ていきます。

　次は、今回のプレゼンのテーマに関して、究極的には聴き手にどんな行動をとってもらいたいか、具体的にイメージしてみましょう。たとえば、新企画を役員に提案する場面であれば「自分の企画を承認してくれること」かもしれません。ただしこれは状況によっては、「企画を承認したうえで、チームメンバーとしてA君とBさんを任命してくれること」かもしれませんし、「企画を承認したうえで、企画遂行に障害となりそうなC部長が難癖をつけてきたときには説得してくれること」かもしれません。

ここでは、自分をとりまく状況をよく観察すると同時に、想像力を働かせて「こんな行動を取ってもらえたら嬉しいな」というイメージを具体的に描くことがポイントです。安易に「聴き手に○○について認識して／聞いてもらうこと」といった表現でとどめないようにしてみましょう。聴き手が○○について認識して、その結果どんな変化を起こしたいのか、相手が変化した結果として何を実現したいのかというように、掘り下げて考えていきます。

　さらに、いま思い描いた行動を取ってもらうためには、プレゼンが終わった後に聴き手にどのような状態になってもらう必要があるか、これを具体的にイメージしましょう。一回のプレゼンで、一気に「よしわかった、やりましょう！」とばかりに思い描いた行動を取ってくれるようになる場合もありますが、現実のビジネスシーンでは必ずしもそういうケースばかりではないでしょう。複数回のプレゼンや、あるいはプレゼン以外に会議や相対の交渉なども重ねて、ようやく相手が動くことも多いと思います。そうだとしても、「今回のこのプレゼン」の後では相手がどのような状態になっているのが妥当なのか、たとえば、何を知ってもらう必要があるのか、何をどの程度納得してもらう必要があるのか、どんな気持ちになってもらう必要があるのかなど、プレゼンテーション後に聴き手になってもらいたい状態を具体的にイメージすることが必要です。

聴き手の状態をイメージするには、聴き手の思考と感情の動きに着目しよう

　「望ましい聴き手の状態を具体的にイメージする」には、人が他人に何か言われてから行動に至るまでの思考と感情の動きに着目することが有効です。たとえば、【図表5】のようなステップに分解してみました。

第2章　資料を作り始める前に時間をかけよう —— 39

【図表5】聴き手の心理状態の段階（例）

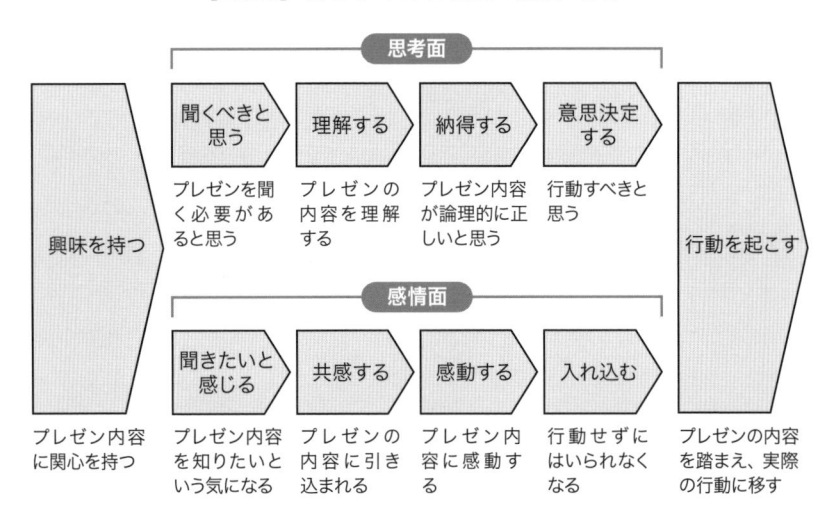

```
                        ┌──────── 思考面 ────────┐
                        聞くべきと → 理解する → 納得する → 意思決定
                        思う                              する
          興味を持つ                                                  行動を起こす
                        聞きたいと → 共感する → 感動する → 入れ込む
                        感じる
                        └──────── 感情面 ────────┘
```

興味を持つ	聞くべきと思う	理解する	納得する	意思決定する	行動を起こす
プレゼン内容に関心を持つ	プレゼンを聞く必要があると思う	プレゼンの内容を理解する	プレゼン内容が論理的に正しいと思う	行動すべきと思う	プレゼンの内容を踏まえ、実際の行動に移す

	聞きたいと感じる	共感する	感動する	入れ込む	
	プレゼン内容を知りたいという気になる	プレゼンの内容に引き込まれる	プレゼン内容に感動する	行動せずにはいられなくなる	

　図では、まず人の心理状態を「思考面」と「感情面」の二つに大きく分類しています。プレゼンの目的も、感情面に訴えることを主な目的とするのか、思考（論理）面に訴えるのか、それとも両方を狙うのか、ここを定めるだけでも内容が大きく変わってくることがおわかりいただけるかと思います。

　さらに、思考面、感情面の双方において、行動に至るまでの段階を分解してみました。この図は一例ですので、読者の皆さんの実感に合わせて、これより大まかに分けても、逆により細かく分けてもかまいませんが、ポイントはただ漠然と「〇〇させる」「やる気を起こす」などと置かず、くわしく分析、吟味したうえで「今日は内容を理解してもらうところまで行こう」や「まずは共感してもらうことを目的としよう」というように、目的を決めることです。

　このように、聴き手の心理状態は実はいくつかの段階に分けて考えることができ、どの段階かによってプレゼンをする側が訴えるべきポイントが変わってきます。そこで、聴き手が「動く」という目的に至るために、このプレゼンが終わったときにはどういう状態になってい

る必要があるのかを、具体的に選択していくのです。

　ここまで読まれてきて、読者の皆さんの中には「現実のビジネスシーンで行われるスピーチやプレゼンでは、『相手を動かす』だなんて大げさなことは期待されていない場合もよくあるよ」と感じた方もいるかもしれません。
　確かに、朝礼などでのちょっとした挨拶や訓示、定例的な会合の中で順番が回ってきた程度の軽い報告など、積極的に誰かを動かすというほどではない、「話した」という形を残せばよいというケースや、あるいはシリアスな会議や交渉事の中でも「そこで異論が噴出しなければOK」というケースなどは、しばしばあることでしょう。
　プレゼンの目的に「こうであるべき」といった正解はありません。上記のようなケースであれば、それはそれで「大過なく話す」「異論を出させない」といった目的を設定すればよいでしょう。
　ただ付け加えれば、そんな条件のプレゼン機会でも「自分の名を売る」「自分への好感度を残す」という目的に使える点は、意識しておくとよいでしょう。第5章で述べますが、機会を捉えていい印象を残しておくことは、のちのちに本当に「動かしたい」スピーチをするときに効いてくるのです。

「目的を明確に」を強く意識していないと、往々にして外してしまう

　さて、「プレゼンの目的を押さえる」と聞くと、何だかごく当たり前のことのように聞こえるかもしれません。なぜ、この点をわざわざステップ1として強調しているのでしょうか。
　それは、現実のビジネスシーンでは、「プレゼンの目的」とは話し手が好きなように決められることは少なく、聴き手や第三者によって期待され設定されるケースが多いこと。しかも、その期待されている目的は必ずしも話し手側から自明ではなく、「ここでの目的は何か？」

第2章　資料を作り始める前に時間をかけよう —— 41

と強く意識していないと往々にして外してしまいがち、という事情があるからです。次の【失敗例1】を見てみましょう。

失敗例1　上島あかり、社長プレゼンで撃沈

　　上島あかりは、全国展開する外食チェーンＡ社の事業企画部に所属する若手社員である。何事にも積極的に取り組み、向上心が旺盛、ロジカルな議論もできるところから、部内でも一目置かれていた。ある日、部長の森田から呼び出された。
「定期的に社長に対して部の業務報告をしているのは君も知ってると思うが、来週のその時間に、今後の営業戦略について君にプレゼンしてもらおうということになった。準備頼むよ」
「ええっ。なぜ私に？　どういうことですか？」
「いやね、日頃から社長に会ったときに、ウチの上島というのが面白いんですよ、と言っていたらさ、社長も興味を持ったみたいで。今度『何かまとまった話が聞きたいな』ということになったんだ。ちょうど、昨年開店した新しいレストランブランドの『Ｂ』について、ここまでの状況を踏まえて今後の営業戦略の報告をする機会だろ？　君にも二年越しで関与してもらってるし、事情はよくわかっているだろう。あれをテーマに話せばいいと思うよ」
「すごい。ありがとうございます。でも、こんな形で次期戦略を話してしまっていいのでしょうか」
「ああ、それは心配いらないよ。実行可能にするための根回しとか、そんなのは要らない。正式な提案ではなくて、今、手元でわかる情報で、君なりの分析や意見が聞ければいいんだ。時間は全体で30分だから、プレゼン15分、議論15分というところかな。当日の相手は社長と社長室長、それから専務の三人ね。他に何か聞きたいことがあったら、また質問して。それじゃ楽しみにしてるよ」

上島は、早速張り切ってパソコンに向かい、パワーポイントのスライドを作り始めた。『B』の開店と滑り出し、そして初期のテコ入れについては、この二年間どっぷりと関与しており、社内で一番詳しいはずとの自負があった。資料も、社内説明用に作ったものがたくさんある。そうだ、外部からの取材対応用に作った素材もあったっけ。これらの中からインパクトのあるものを選んで再活用すればちょうどいいのでは……。社長向けの説明資料作りはどんどん進んでいった。
　予定の前日、作った説明用資料を森田部長に見せると、中身をチラッと見ただけでこう言った。
「これ、全部話すの？　そんなに時間ないよ。まあ、紙で渡す分にはこれでもいいけど、重要なところだけかいつまんで話してね」
　上島は、反射的に「あ、そうですね。承知しました」と答えはしたが、内心では（どれも重要な話題なんだけどな。ただ、時間が足りないというのは確かにそうかも。気をつけよう）くらいに思っていた。

　いよいよ当日。上島は自分の発言の番が来ると、前置きもそこそこに語り始めた。『B』のコンセプト、開店直前でコンセプトの見直しをしたエピソード、開店後、半年で思わぬトラブルがあったが機転の利いた改善でかえって業績が上向いたこと……。「かいつまんで短く」と思っていた上島だったが、思い入れのある出来事なのでつい語りにも熱が入る。一方で、持ち時間が短いという意識はあったので、どんどん語りは早口になっていった。社長は、初めの頃こそうなずきながら聞いていたが、次第に無表情になっていった。両隣の専務と室長も、手持ちぶさたな様子でこちらを見つめ返してくる。
　上島は焦りが増していった。
（あれ、社長の反応が悪いな。私の話が長すぎるんだ。きっと、早く結論を聞きたいんだろう。でも、結論まで行くのにまだこんなにページがある。どうしよう。結論を言うためには、話の流れ上、どれも必要な要素なのに……）
　とうとう、社長は「それ全部僕は聴かないといけない？」と口をは

さんだ。
「いえ、すみません。えー……、それでは飛ばして25ページをご覧ください。今後の戦略としましては……」
　上島は懸命にリカバーを図ったが、結局、肝心の提案部分は資料に書いたことを読み上げる程度で切り上げざるを得なかった。
　その後はいくつかの質疑応答があり、最後は社長も微笑んで「ありがとう」と言って、その場は終わった。社長室からの帰り道、肩を落とす上島をみて森田も「そんなにクヨクヨすることないじゃないか。熱心さは伝わったと思うよ」と慰めてくれた。
　しかし、口をはさんでくる直前の社長のつまらなそうな目と、苛立ちを隠しきれない口調とが、上島の胸に突き刺さっていた。

　この失敗例の上島さんには、熱意もあり、言いたいメッセージもありました。準備にも相当な労力をかけました。しかし残念ながら、必ずしも効果的なプレゼンができたとは言えない結果に終わってしまいました。準備に時間と労力をかけたと言っても、適切なステップを踏んでおらず、このプレゼンで何を求められているのか、目的を押さえていなかったからです。
　当然、聴き手である社長にしてみれば「こんな話が聴きたいわけでは無いんだが……」と、話の内容に身が入らなくなります。「目的を押さえる」の段階で外してしまうことのデメリットは、正にこの点にあります。プレゼンの目的をどう捉えるかによって、話す内容や表現の仕方が大きく変わってくるものです。そのため、目的設定を取り違えたプレゼンは、聴き手の期待からの外れぶりが目立ってしまい、大きな不満につながりやすいのです。

　おそらく上島さんとしては、森田部長に「レストラン『B』の戦略を話せ」と言われたことで、「（過去の経緯を中心とした）戦略を説明すること」を、このプレゼンの目的だと一人合点してしまったので

しょう。しかし、なぜ今回上島さんが社長に話をすることになったのか、その経緯に注意しながら考えてみれば、「(レストラン『B』の今後のとるべき戦略を語ることを通じて) 上島さんなりのビジネスの見方、意見を語ること」が、ここで求められていたことでした。さらに言うと、仮に最初の認識で少々勘違いして「社長に戦略を説明すること」と捉えてしまったとしても、そこで目的設定を終わりにせず、「戦略を説明することで、社長にどういう心理状態になって欲しいのか？」と自問していれば、「自分なりのユニークな見方を提示して、『上島は面白いな』と思ってもらうことが目的」と、妥当な目的設定に行き着くこともできたかもしれません。

　このように、私たちは往々にしてこの「目的は何かを考えること」を忘れ、プレゼンを頼まれた際の誰かの何気ない一言に引きずられたり、自分の話したいことを話そうと勝手に一人合点したりして、無雑作に目的を決めてしまいます。そして、いきなりパソコンを持ち出し、パワーポイントで資料を作成し始めたり、はたまた、当日の服装に思いを馳せてみたり、任された大役に何日も前から緊張し始めたりしてしまいます。つまり、本来の目的をきちんと押さえないまま、「自分の話したい内容のプレゼンを実際に上手に済ませること」をいつしか目的化してしまい、それに基づいた思考や行動をしているのです。
　仮にそこで聴き手の反応が悪かったとしても、次回以降の反省につながればまだいいですが、場合によっては、当日に上手く話せた、なんとかやりおおせた、と満足してしまいます。
　今すぐ、この考え方は改めましょう。当日の服装も資料の見栄えも流暢に話すことも確かに大事です。しかし、結局のところ、プレゼンを通じて、それが目的の達成につながらなければ、単なる自己満足です。

❷
❶

第2章　資料を作り始める前に時間をかけよう —— 45

目的が明確に定まっていないと、プレゼン内容もブレてしまう

　前項で、「プレゼンの目的をどう捉えるかによって、話す内容や表現の仕方が大きく変わってくる」と書きました。たとえば、ある施策を起案し承認を得ようというとき、「施策の内容を理解してもらう」を目的と置けば、施策の詳細や期待効果、現状からの違いなどに重点が置かれるでしょう。一方、「施策を行うと意思決定してもらう」が目的ならば、予算や人員の手当て、他の施策との比較などにも触れないといけないでしょう。

　これは言いかえると、目的をきちんと押さえておかないと、話の重点の置き方や表現などがブレてしまい、聴き手に響かなくなってしまうということでもあります。【失敗例2】を見てみましょう。

失敗例2　三谷真司、欲張ったアドリブでやぶ蛇

　　　三谷真司は業務用ソフトウェア販売の新興企業Cの商品開発マネジャーである。今日は、業界の複数社の共催で、企業のコールセンター担当者を集めたセミナーを開催していた。コールセンターでの利用をイメージした顧客情報管理や、電話応対記録のソフトウェアについて、最新の開発動向や市場動向を話していくという内容だ。

　三谷もスピーカーの一人として、40分の時間を受け持っていた。テーマは、「コールセンターで得られるビッグデータをマーケティングに活用する」というもの。ビッグデータという言葉にビジネスパーソンの関心が集まっているところでもあり、100人ほど入る会場はほぼ満席となった。

　（おお、これは関心が高そうだぞ。よしよし）

　高まる気持ちを抑えつつ、スピーチを始めた。

まず、出だしでアメリカの某社がビッグデータを活用して思わぬ商機を発見した例を紹介した。関心を引き付けるには鉄板のネタだ。次いで、ビッグデータを活用し始めている会社の推移を示して、さらにコールセンターこそ情報収集の窓口に適しているという話をたたみかける。
　三谷は、この辺りで聴衆の反応が非常によいと感じていた。
（よし、チャンスだ）
　三谷は予定していたスピーチの時間配分を変更して、もともとの内容は、適当に省略するなどして予定時間の10分前までに話し終えてしまった。そして残った時間を使って、用意したパワーポイント資料の後ろの方に「ご参考」としてつけていた、C社製ソフトウェアの紹介を始めた。
　コールセンターにかかってきた電話を自動的にデータベースに蓄積し、さまざまなタグをつけ、検索機能を高めたソフトウェアである。類似の品に比べて、操作がわかりやすくオペレータの使い勝手がよい点が売りだ。
　ところが、途中までの顧客の反応に比べ、自社のソフトウェアの話をしたとたんに急速に雰囲気が冷めていくのを感じた。腕時計をチラチラとのぞく人の姿が目に入り、何人かの人は資料を封筒にしまい始めた。予定終了時刻が近付くと、話はまだ終わっていないのに、席を立って部屋を出ていく人もチラホラいた。
　どうやら、商品の説明に入ったところで、聴衆にとっては「終わりの合図」と捉えられてしまったらしい。三谷は、「こんな反応になるくらいだったら、この時間を使ってもっと話すことはあったのに」と悔やんだが後の祭りだった。セミナー後に、聴衆を対象に各セッションの印象を尋ねたアンケートの結果が回収されてきたが、評価は平凡なものに留まっていた。

　三谷さんの場合、当初は自社の扱うソフトウェアが解決しようとし

第2章　資料を作り始める前に時間をかけよう —— 47

ている課題や、ソフトウェアが実現できる機能に興味を持ってもらうことを目的としていたのでしょう。それ自体はセミナーという場にもふさわしいものでした。

　ところが、三谷さんの立場からすれば、究極的には自社のソフトウェアの購買意欲を喚起したいという目的がありました。プレゼンの途中までの反応が良かったことから、三谷さんは急きょこちらにプレゼンの目的を切り替えたわけです。しかし残念ながら、それまでの話の流れや、それによって出来上がっていた場の空気からみれば、その切り替えはやり過ぎだったと言えます。この手のセミナーに聴きに来る顧客にとって、具体的なソフトを購買するかどうかに関する話をされるとは、想定外だったのでしょう。

　この例は、話している途中で言わばアドリブ的に変えていますが、仮に当初からそのつもりがあったとしても、途中まで「興味を持ってもらう」ことを優先で組み立ててきた話の流れを、急に「買おうと思わせる」ように変えるというのは、よほど周到に設計しないかぎりよい反応を得るのは難しいといえます。

　このように、目的をきちんと定めたら、あとあとのステップ、すなわちプレゼンの中身を準備して、実際に人前で話すまで、一貫性を保ちブレたりしないことが重要です。目的を幅広く設定しておけば、ブレる心配も減るのではと考える人もいるかもしれませんが、目的を幅広く設定するということは、一方では焦点がぼけて訴求度が落ちることにもつながります。三谷さんの例で、「興味を持たせる」も「内容を理解させる」も「買おうと思わせる」もみんな目的だ、と言ってしまえば確かにブレは起きないかもしれませんが、限られた時間の中でどれも満足させる中身を作るのが難しくなる、というのも容易に想像できるかと思います。やはり、目的はきめ細かくピントを絞って設定し、中身はそこからブレない、ということが重要なのです。

CHAPTER 2　SECTION 2

【プレゼンの準備：ステップ2】
聴き手を理解する

● **プレゼンにおける「聴き手」を絞り込む**

　プレゼンテーション準備のステップ2は、聴き手を理解することです。聴き手は何を知っているか知らないか、聴き手の関心はどこにあるか、情報を集めて具体的な「聴き手像」を描くのです。

　たとえば、営業の提案や、社内会議で企画を通すときなど、あらかじめ誰が聴きに来るかある程度わかっている場合を考えてみましょう。聴きに来るであろう相手のことを手当たり次第に思い浮かべて、その人の情報を調べたり、関心について考えたりし始めてはいけません。その前に、まずステップ1で考えた目的に照らして、このプレゼンでは誰を「聴き手」と捉えるのが一番効果的なのか、を決める必要があります。

　一方で、聴き手が事前に明確に決まっているわけではなく、何らかのセミナーで講師役として話すなど、事前にどんな人が聴きに来るかわからないという中でプレゼンを行うこともしばしばあるでしょう。しかし、わからないからといって、ぼんやりとしたプレゼンを行うのは無駄なことです。仮想でもよいので、やはり何らかの形で、聴き手の中でも最も動かしたい人、すなわち「本当の聴き手」を絞り込むようにしましょう。

　プレゼンを聞きに来る人なら誰に対しても訴えかけようという考え

【図表6】あなたにとっての聴き手は誰か？

自分との「距離」の遠近を理解して決める。「ぼんやり」が一番危険

具体的な聴き手が想定できる	具体的な聴き手は想定できない（不特定多数）
例：営業・提案でのプレゼン	例：セミナー・学会発表でのプレゼン

A氏　B氏　C氏　　　　　　　　　30代ビジネスパーソン

複数　　　　　　　　　　　　　　多数

各人の興味・関心・心理
プレゼン内容の認識
プレゼン内容から受けるメリット
の前に……、
意思決定に影響を及ぼす人は誰か？
を確認
　　ー役職
　　ー推進者
　　ー反対者

母数のうち最も多い属性
多い属性に共通する興味・関心
　　ー職業
　　ー趣味
　　ー経済状況
　　等
を確認

方は、結局、誰の関心も捉えないプレゼンになってしまう危険があります。本節の後半でも触れますが、人が何に関心を持つか、何を重視するかは、その人の性格や元々持っている知識などによって、実にさまざまです。したがって、具体的な誰かを想定しないと、聴き手は何に関心があるかを特定できません。具体的な聴き手を決めることなくして、聴き手を動かし、心に響くプレゼンは行えません。

●「本当の聴き手」の見つけ方、決め方

では、本当の聴き手をどのように見つけ、どのように決めればいい

のでしょうか？

　具体的な相手を想定できる場合は、やはり「誰を動かすと目的に対して最もインパクトが大きいのか」という視点で見極めることが多いでしょう。そこでは、役職や権限、あるいはそのプレゼンテーションの領域における専門性といった点が決定権の強さを測るものさしになります。

　もっとも、表立った地位や実績では見えにくい影の実力者というのも、往々にして組織には存在することがあります。そこで、それまでの会話や振る舞いの観察や、ヒアリングから判断する必要も出てきます。「誰の意見が一番反映されやすいだろうか」「一番の推進者は誰だろうか」など、直接ヒアリングできるならば確認しておきたいですし、直接は聞きにくいケースでもこちらからの要求に対する反応を見るなどの形で推測することはある程度可能です。

　具体的な聴き手を想定しにくい場合でも、この判断基準は共通です。ただし、具体的な相手というものが無いぶん、想像上の人物像を描く必要があります。聴き手の多くに共通しそうな属性、関心、等を主催者に事前にヒアリングしておくなどして、母数の中のもっとも関心の高い層、あるいは最も動かしたい相手をターゲットとして決めることが重要です。

「聴き手の想定」にありがちな落とし穴

　本当の聴き手を見極めることが大事だと書きましたが、実は、本当の聴き手が誰かを理解し、それをきちんと活かしたプレゼンテーションを実施するのは、意外に難しいことです。
　よくある勘違いは、自分に耳を傾けてくれるから、聞いてくれるから聴き手、と思ってしまうことです。特に、不特定多数の人が聴き手という場ですと、たまたま目の前にいる人や、よくうなずいたりして

くれる人を聴き手と捉えて語ってしまいがちです。

「よくリアクションしてくれる人」なら、少なくとも聴き手の一部には違いないのだから、その人に向けて話して何がいけないのかと思う人もいるかもしれません。しかし、人は、自分にとってメリットを感じられないと、話を聞かないものです。本来聴き手と捉えるべき人と、よくリアクションしてくれる人と、感じるメリットが重なるのであれば問題はありませんが、そうでないのならば、よくリアクションしてくれる人に受けのいい話をいくら続けても、本来の聴き手は興味や関心を持っていないことになってしまいます

また、目的に照らせばＡという聴き手に向けて話すのが妥当なのに、人間関係の力学、相性などが働いてついつい別の聴き手に向けた話を混ぜてしまう、ということも起こりがちです。【失敗例3】を見てみましょう。

失敗例3　武井澄佳、突然の上司の参加にとまどう

武井澄佳は事務用機器商社Ｄ社のシステム部門でシステム企画のチームリーダーをしている。Ｄ社では、取引記録や資金回収・在庫情報などを一括管理する業務システムについて、1年前からアップデートするプロジェクトを進めており、武井もそのプロジェクトの一員として汗を流した。

いよいよ、1カ月後に新システムがカットオーバーされることになった。そんなとき、武井は営業事務部の小林課長から依頼を受けた。

「今度の新システムなんだけどさ、この間マニュアルが配布されたけれど、うちの部のスタッフたちは、まだまだ心配なところがあるみたいなんだよ。急で悪いんだが、業務でよく使うポイントだけでいいので、説明会をやってくれないかな」

「もちろん、私でよろしければ。営業事務部にとっては、このシステ

ムは日常業務の生命線ですものね。口頭で確かめたいところもあるでしょうし」
「そう言ってくれると助かるよ。じゃあ、都合のよい日時の候補をいくつか挙げてくれれば、その範囲でうちのスタッフを集めるから。だいたい20人くらいと思っておいて」
「承知しました」

　武井は、さっそく説明会の資料作成にとりかかった。初めのうちは、説明用の資料は、経営会議に諮ったときのものや、仕様確定の際に部内で作成したものから、都合のよいページを抜粋すればよいかと考えていたが、いざまとめてみると、実際にシステムを利用するスタッフ向けには必要のない情報が多く、逆に知りたい情報が足りていない部分も多かった。そこで、今回のために新たに作らなければならないページも多くなった。

　説明会の当日、武井が会場に入ると、小林課長が耳打ちをしてきた。
「ああ、今日はありがとう。それでさ、急で悪いんだけど、説明会をウチの中村部長と吉野部長も聞きたいと言い出してさ。もちろん、今日の主旨は理解してもらっているから、彼ら向けに内容を変えてもらう必要はないよ。後ろの方で聞いているだけだから」
　中村部長は、小林や今日聞きに来る社員たちの直属の部長に当たる人物だ。吉野部長は、部こそ違うが営業事務グループの中に属する部の部長である。どちらも顔と名前は知っているが、気心の知れた人というわけではなかった。
　武井は、聞いた瞬間は（えっ、偉い人が聞きに来るの？　緊張するなあ）と感じたが、小林の「後ろで聞いているだけだから」という言葉に含みがあるとも思われなかったので、結局はそれほど深刻に考えずに説明会に臨んだ。

　ところが、いざ話を始めると、どうしても目が二人の部長の方に

②
❷

第2章　資料を作り始める前に時間をかけよう——53

行ってしまうのだった。二人とも真剣な表情で話を聞いてくれてはいる。しかし、今回準備した資料は担当レベルの日常業務の進め方に重点を置いたもので、明らかに彼らに向けたメッセージではない。

（どうだろう、次のページは入金確認の画面操作の仕方か。部長が自分でこの画面操作をすることなんて、まずないし……。退屈してるんじゃないかな）

気になり始めると、そればかりが頭の中をめぐるようになってきた。目の前の話に集中できない。

（えい、アドリブで部長向けの話もしてしまおう）

武井は、今回のシステム変更に関して、経営会議にも何回か出席したので、競合動向や財務面へのインパクトなど部長が興味を持ちそうな話題をすることもできた。実際、そうした話を出してみると、両部長の顔にも微笑が見えた。

（ああ、よかった）

②
❷
嬉しくなった武井は、思わず経営会議において役員たちからこんな話題が出たといったエピソードの話を膨らませてしまった。気がつくと予定終了時間が近い。慌てて本題に戻ったが、準備してきた内容の後半部分はかなり端折りながらという格好になってしまった。

説明会の終了後、武井は今日の出来を振り返ってみた。

（ああ、伝えておきたかったのに言いそびれてしまったことが、結構あるな。途中であんな話を混ぜたせいだな。どうすればよかったんだろう？）

この例の武井さんの場合、プレゼンを依頼された状況から考えれば、本当の聴き手は明らかに営業事務部のスタッフたちです。実際、プレゼン当日までは武井さんもそれはわかっていたわけですが、突然上司が聴きに来たことから想定する「聴き手」がブレてしまいました。この手の話は、特に勝手知ったる相手が聴き手の場合、しばしば起こりがちではないでしょうか。落とし穴を避けるには、「本当の聴

き手は誰か」をよくよく心に刻んで、そこからブレないことが重要です。

聴き手について調査する

　さて、本来の聴き手はしっかり捕捉したとしても、独りよがりで「あなたにとって聴くべき話はこれだ！」と決め込んでしまい、相手の立場から見える関心事や利害を外してしまっては意味がありません。

　これは、単に粗雑に考えた結果起こるだけでなく、「聴き手にとってのメリットは何か？」を考えることに没頭しすぎるあまり、かえって聴き手の素直な感覚を見失うこともあります。

　こうした失敗をしないために、次の「聴き手に関する調査」が必要になってきます。

　皆さんはこれまで、プレゼンテーションの前に、どれくらい聴き手について調査するという時間を取ってきたでしょうか。もちろん、時間的な制約がある場合が多いでしょうが、それでもできる限りの時間を割くようにしたいものです。不特定多数の人が集まる場合であっても、当日どんなタイプの人が会場にやってくるのか、ありとあらゆる手段を使って、できるだけ丁寧に調べましょう。

　失敗プレゼンに対して聴き手の感想を聞くと、だいたい、わかりにくい、長すぎる、詳しすぎる、といった言葉が挙がります。表現はさまざまですが、結局は、「聴き手にとっての究極の目的、メリットが感じられない」ということに尽きるようです。

　聴き手は、つまらないと感じた瞬間に、テレビと同じですぐにチャンネルを変えてしまいます。つまり、あなたのプレゼンを聴く耳を閉じてしまうのです。

聴き手の「何を」調べるか

まずは、今回のプレゼンのテーマに関する聴き手の認識（心理状態）を考えてみましょう。40ページで、思考面と感情面に分けて聴き手の心理状態を分けた図を紹介しましたが、プレゼン前の段階で、聴き手があの図のどの段階にいるのかを押さえることが重要です。それにより、何をどれくらい伝えないといけないのか、の内容や伝え方は変わってくるからです。

聴き手がどの段階にいるのかを押さえたら、次いで、いまその段階にいる原因について、聴き手の認識、意見、感情という視点から、可能であれば情報を収集し、難しければ手元にある情報から推察していきます。

ここで認識とは、何を知っていて何を知らないか、何に関心があり何に関心はないか、ということです。意見とは、何に賛成で、何に反対なのか、その理由や背景は何か？ 感情とは何をやりたいのか、何をやりたくないのか、喜びや不安の源は何か、といったことと捉えてください。

特に聴き手が何に賛成で何に反対かの背景を探るためには、このテーマに限らない、一般的な聴き手の置かれた状況も判断材料になることが多いです。たとえば、聴き手のビジネス上の地位や責任、ふだんの性格や価値観といった点です。また、聴き手と自分との関係も判断材料になりえます。

聴き手について、知っておくべきこと、調べておくべきことは、非常に多岐にわたります。したがって、思いついたことだけを調べるのではなく、チェックリストのようなものを用意して、網羅性をもって整理してみるといいでしょう。

たとえば、上記の要素をまとめて、【図表7】のようなチェックリストを作ってみました。場合によっては、全てはわからないこともあ

【図表7】聴き手について知っておきたいこと

聴き手自身の状況	・そもそも誰か？（複数の場合はキーパーソンは誰か？） ・本人や、所属組織が置かれた状況は？ ・組織上の立場は？ ・どんな経験や能力を持っているのか？ ・性格・価値観・認知スタイル
今回のテーマに関する認識・意見・感情	・興味・関心の強さは？ ・何をどこまで知って（理解して）いるのか？（認識レベル） ・聴き手はどういう主張・態度をしているのか？ ・聴き手にとってのベストな状態は？ ・聴き手が困っていることは？ ・聴き手にとってメリットのある話か？ デメリットがある話か？ ・何が最も気になる点なのか？ ・聴き手はどんな感情（不安・反感など）を抱いているか？
聴き手と自分との関係	・聴き手は自分について、何をどの程度知っているのか？ ・自分との利害関係・力関係は？ ・聴き手にとって、自分から話を聞く必要性は？

るでしょうし、逆にここに載っていないことを知る必要が出てくるかもしれませんが、およその目安として活用ください。

聴き手について「どうやって」調べるか

　聴き手について知るべきことがわかったら、次は、それを「どうやって調べるか」ですね。
　これについては、一口で言えば「とにかく使える手段は使ってみる」ということになるわけですが、現実的には「なるべく多くの人に聞いてみる」が効率的かつ効果も期待できる手段と言えます。
　社内外の知り合いに聴いてみることもできるでしょうし、最近は、SNSを活用してその人個人の情報を（本人が一般公開を了承している

範囲であれば）入手するという方法もあります。可能な限り、聴き手のバックグラウンドに固有の関心事、懸念、先入観、そして聴き手の個人に起因する関心事、懸念、先入観の情報を入手するよう努めます。

　もちろん、そのものズバリの情報が入手できないことも多いでしょう。そうだとしても簡単にあきらめず、知りたいことについて推測できる手がかりとなる情報も集めるようにしましょう。たとえば、営業の提案を行う取引先について、今期ここまでの業績は好調なのか不調なのか、直接示す事実を見つけることはできなかったとします。それでも、関係者からヒアリングをしたり、業界全体の業況を見たり、ある程度の見当をつけるために情報を集めることは可能です。

　お勧めしたいのは、聴き手の情報について、職場の同僚や関係者と意見交換をしてみることです。営業の提案であれば、取引先に全く一

【図表8】聴き手情報の入手の仕方

過去に聴き手とコミュニケーションの経験がある場合

どんな内容にどのような反応を示したかを思い出しながら推定をする

初めて聴き手とコミュニケーションを取る場合

・公表情報（新聞・雑誌記事、ホームページ、IR資料、書籍類、ブログ、SNSなど）
・自分や聴き手の周囲の人へヒアリング

上記情報だけでは足りない場合

イメージ豊かに推定する。その際は、
・聴き手はどのような立場、状況にあるのか
・聴き手にとって望ましい状態、困っていることは何か
・聴き手は何を知っており、何を知らないのか
・自分が話すことは、聴き手にとって何の役に立つのか
などに着目する
また、集めた情報を基に自分以外の人とブレイン・ストーミングを行うのも有効

人で応対しているケースはむしろ少なく、数名でチームを組んで当たっていることも多いと思います。そんなとき、「取引先のA部長について、自分はこうだと思っているけれど、他の人から見たらどうか」という点をすり合わせておくことは重要です。先ほども触れたように、そのものズバリの情報が揃うことはあまりなく、仮定や推測を重ねていくことが普通ですので、その分「思い込み」や「一人合点」の危険も高まります。複数の視点から、認識を揃えておくとよいでしょう。

聴き手は何を知って何を知らないか

　聴き手についての分析は、プレゼン全体の方向性を決めるのに役立つだけでなく、第3章以降で詳述しますが、ちょっとしたストーリーの展開や言い回しの選択レベルにも効いてきます。そのため、話し手がプレゼン原稿を考える際に、聴き手になりきって聴き手の視点に立てるだけの、知識を持つのが理想的です。

　聴き手の認識は、できるだけ具体的なレベルで把握するようにしましょう。まずは、プレゼンのテーマに関する背景や予備知識についてです。たとえば、取引先に新商品を提供するとき、業界環境や競合動向について、何を知っていて何を知らないか（今回初めて知る話か）の見極めはとても重要です。次に、一般的な用語や概念についても注意が必要です。たとえば、社内会議で他部署のマネジャーを相手にマーケティング施策についてプレゼンをするとします。このとき、セグメンテーションやポジショニングといった用語を何の解説もなく使って聴き手が理解できるのか、過去に行ったマーケティング施策の例と結果とその評価について改めて言及しなくても想起できるのか、といったことを一つひとつ丹念に詰めていく必要があります。少なくとも、聴き手は自分と同様の知識があるはずだと、勝手に決め込んで

準備を進めるのは、絶対に避けましょう。

　もっとも現実的には、聴き手が何を知っていて何を知らないかについて、そこまで明確には事前に把握できないというケースが多いと思います。その場合は、なるべく幅広に「これについては知らないかもしれない」という前提で準備をしておきましょう。わかっている人に対して伝える内容が多すぎる分には減らせばいいだけですが、「知っているだろう」と思いこんで準備して実は聴き手は知らなかったときには、聴き手は「意味のわからない言葉」を気にしながらプレゼンを聞き続けることになります。この状態がプレゼンの他の部分にも波及する悪影響は無視できません。

　さらに言うと、こちらが使う言葉を聴き手が知っているかどうかだけが問題ではありません。耳当たりのよい言葉悪い言葉、心の琴線に響く言葉響かない言葉というものは人によって意外に違うものです。普段なにげなく使っている言い回しでも、聴き手にとって違和感はないか、好感を持って捉えられるかどうか、考えを巡らしてみましょう。【失敗例4】を見てみましょう。

失敗例4　工藤孝一、普段多用しているこだわりのひとことが通じない

　工藤孝一は、生命保険会社E社の個人向け営業部門に最近転職してきた。前職では人事コンサルタントをしていたが、自分の顧客開拓力を試してみたくなり、成果に応じて高収入の可能性のあるこの職種に挑戦してみようと考えたのだ。

　転職して早くも三週目に、配属された部署のメンバーを前にスピーチする機会を割り振られた。E社の営業部門では、営業担当のトークスキルを磨くという名目で、毎週一回、定期的に部員を前にして10分間のスピーチをするという催しがあったのだ。スピーカーは持ち回り

で務めることになっており、たまたま工藤の番が回ってきたという形である。テーマは原則自由となっていた。

　入社後から二回行われた他人のスピーチを見て、工藤は「このくらいなら僕にもできそうだ」と感じていた。「テーマは何がいいだろう。入社して間もないことから、自己紹介的な意味合いも兼ねて、『私の大事にしている信念』あたりがよさそうだな」

　工藤は、前職での経験やＥ社に貢献したいと思っていることなどを材料にスピーチの原稿を書き上げ、何度も練習して頭に叩き込んだ。当日はメモも見ずに気持ちを込めて10分間話し切った。

　聴衆である部員たちの反応は、まずまずだった。ただ工藤には、（自分の手応えからすると、もっと好反応でもよい気もするが……。初めてだからかな）と気になる面もなくはなかった。その後、上司の岸田からの講評を受ける席が設けられた。
「工藤さん、さすがコンサルタントで経験を積まれていた方ですね。立て板に水といった感じで、上手でしたよ。内容も、なかなか聞かせる話だったと思います」
「そうですか。ありがとうございます」
「ただちょっと細かい点なんですがね。何度か『腹落ち感』とおっしゃっていましたが、あの言葉をあえて使うのは何か思い入れがあるんですか？」
　工藤は予想外の質問に面食らった。
「思い入れ、というほどのものはありませんが……。意味が通じませんでしたでしょうか？」
「いやいや、意味はわかりますよ。『腹に落ちる』という感じ、ですよね。まあ、言いかえれば『納得する』とか『得心する』といった意味ですよね」
「はい、おっしゃる通りです」
「ただ、私の周りでは、『腹落ち感』という言葉としては、あまり使う人がいないものでしてね。何かの業界用語か、流行語かなと思った

②
②

第2章　資料を作り始める前に時間をかけよう——61

のですよ」
「いやあ、それほど深い意味は……」
　どう反応していいか困惑気味の工藤を尻目に、岸田は手元のメモを見ながら続けた。
「細かいことついでに、もう一つ。途中で確か、『自分の中でチニクカする』と言っていましたか？　これも、血や肉と化すまで消化して身に付ける、というたとえですよね。前後の文脈からは類推できるのですが、そういう言葉ってありましたっけ」
「私としては、これまで当たり前のように使っていましたね。もしかしたら正しくは、ケツニクと読むのかもしれませんが、チニクと読み慣わすのが定着していると思っていました」
「そうなんですか。それにしても、腹とか血肉とか、身体に関するたとえが多いですね」
「言われてみれば、そうですね」

　話はそれで終わり、岸田の口調からは非難めいたニュアンスはなかったが、工藤にとっては「やけに細かいところを指摘するんだな」と釈然としないものが残った。そこで、岸田が席を外したときを見計らって、隣の席の野村に尋ねてみた。
「野村さんって、『血肉化する』という言い回し、聞いたことありますか」
「ええ、ありますよ」
「やっぱりありますよね。いや、今朝の私のスピーチのことですね、岸田さんから『あまり聞かない言葉だな』みたいなこと言われたので」
「ははあ、それは岸田さんがですね。その表現は自分は好かないと遠まわしに言いたいんですよ、きっと」
「えっ、何がいけないんでしょう」
「まあ、彼の個人的感覚ですけどね。美しい言葉づかい、というのにこだわりがあるんですよ。一応、彼の理屈としては、私たちのお客様

は富裕層が多く、そうした言葉遣いにも敏感な方が多いからだ、というんですけど」
「そうだったんですか」

　これは工藤には苦い教訓となった。「腹落ち」にしても「血肉化」にしても、このスピーチの中では、工藤の言いたいことの根幹部分に関わるもので、工藤自身が「この言い回し、いいな」と思って、あえて他の類義語を差し置いて使った言葉だったからだ。

　工藤さんとすれば、普段から何気なくよい意味で使っていた言葉も、岸田氏から見れば品の無い言葉と思われていたようです（なお、これはあくまでも「言葉に対する感覚はまちまち」ということを示す一例で、筆者らが『腹落ち』という言葉を美しくない、と評価しているわけではありません）。こうした言葉に対する好みの問題も、現実的には事前に明確に把握するのは難しいかもしれません。ただ、たとえば「聴き手が所属する会社の社風からすると、断定的に言い切った方が受けるかも」というように、側面情報から推測することは可能です。ポイントは、漫然と自分好みの言葉を並べるのではなく、一度立ち止まって聴き手視点で考えてみることです。

②
❷

第2章のまとめ

プレゼンの目的を「聴き手をどういう状態にしたいか」という観点から具体的に思い描く
- まずは「5W1H」でおおよその状況設定を把握する
- 聴き手を、思考と感情の両面で分析しながら、目的とする状態を決める
- ビジネスの現場でプレゼンを依頼されると、その場の勢いや思い込みで目的を早合点しがち。必ず冷静かつ客観的に目的を見定めるところから、準備をスタートする
- 決めた目的は、これ以後の準備から実施までのプロセスを通じて、強く意識に留めておく

プレゼンの対象となる聴き手を明確に絞り込み、その意見や感情、自分との関係などを理解する
- 聴き手が複数いる場合、一様ではない。目的に照らして、最重要の聴き手は誰か、絞り込む
- 聴き手について理解したいのは、プレゼンのテーマに関する情報のうち、どんな情報にどう反応するか。それを知るために、
  ・聴き手の現在の心理状態
  ・今回のテーマに関する認識・意見・感情
  ・聴き手と自分との関係
  など、さまざまな観点から情報を集めたり、推測したりする
- 聴き手に関する情報は、自身の観察や周囲の人へのヒアリング、それで不足の場合は側面情報から推測する

CHAPTER 3

「言いたいことをひたすら言う」から脱却しよう

STORY

「構成を見直す」ってどういうこと？

　小菅は、例年のコンテスト審査員の顔と、記憶に残っている限りの過去の優秀作を思い出してみた。
「これまでの傾向から考えると、実現性を詳しく説明するよりも派手に大風呂敷を広げた方が好まれるな。あと、他のどこにもないユニークさみたいなものも」
「それをもとに考えてみると、いまのバージョンでは冒頭のキャッチフレーズとして使っている『和の心を普段着にしてみよう』というのは、ちょっとおとなしすぎるかな」

　昼休みの時間を使って何点か原稿を手直しし、和田に見せてみることにした。
　その日の夕方、社員食堂の片隅で二人は顔を合わせた。
「どう？　寺岡さんにメールで相談したら、『誰に向けるプレゼンか考えて、今回の聴き手である審査員の評価基準を考えろ』と指摘されたの。そう考えてみると、全体的に大げさに夢を語る風の表現にした

方がいいかなと思って」
「なるほど、確かにこっちの方がいいね！」
「でもね、今度はまた悩みも出てきて。さっき、一通り読んでみたんだけど、13分かかったのよね。いろいろ書き足したせいで、10分に収まりそうにないんだけど」
「ああ、そっか。確か寺岡さんは、『構成』も見直した方がいいって言ってたよね」
「そう言えばそうだね。……言われたときは『なるほど』と思ったけど、じつは私、『構成を見直す』っていう意味が深くはわかってないのかもしれない。真由美は、どんなふうにイメージしてる？」
「うーん、私も自信があるわけじゃないけど、お客様にプレゼンする資料を作るときに、部内でよく言われているのは『ストーリーを変える』ってことかな。つまり、はじめにこれを話して、次にこれを話して、みたいな話の流れを変えるってこと」
「ふうん、今はどんな感じかというと……、

・企画の概要
・サービスのコンセプト
・想定しているターゲット
・具体的な業務の流れ
・収支計画
・開始までの想定作業スケジュール

という流れよね。でも、どうだろう、事業アイデアのプレゼンなんてどこも多かれ少なかれこんな流れなんじゃない？ 過去の優秀作はどうだったかなあ？ ストーリーになんて着目してなかったから、思いだせないな」
「たぶん、触れる内容は同じだとしても、話す順序とか、あと全体の中に占める割合とかを変えて、特色を出しているんだと思うよ。そういえば、営業担当の人から、『プレゼン資料のこのページは要らなくなったから削除しておいて』みたいな指示を受けることが結構あるの」
「なるほど。考えてみれば『どこも多かれ少なかれこんな流れ』なん

て言ってるから、寺岡さんから『無難だな』なんて言われちゃうんだな」
「構成を変えるとすれば、他のチームメンバーの意見も聞いてみようよ」

　小菅たちはさっそく動いた。手の空いていたメンバーは食堂に呼び出し、来られないメンバーとは電話会議でつないだりして、臨時のメンバー会議が出来上がった。
　プレゼン原稿を修正しようとなった経緯について、小菅と和田がかわるがわる説明するのを、はじめは皆黙って聞いていたが、この企画の発案者でもあるIT部の高石は少し不満げに口を開いた。
「構成を変えるというけど、どんなふうに変えるんだ？　今のだって悪くないと思うけどな。必要な要素はちゃんと揃っているよ。それでつまらないと言われるなら、それはそういう意見の人もいるということで、しかたないんじゃないかな」
　するとテーブルの上に置いたスマホから声が聞こえてきた。電話会議で参加している営業の島本だ。
「今の発言だれ？　高石？　それは何かちょっと違うと思うな。やっぱり、何のために俺たちここまで取り組んできたかを考えようよ。コンテストもあるけど、その先には究極的には、新事業を立ち上げたいってことだろ。そのためには、プレゼンを聴いた人が『おおっ』と驚いて、『よし、それならやってみろ』と言ってくれるようなものじゃないといけないんじゃないか」
「いや、島本、もちろんそれは大事だと思うよ。ただ何て言うのかな、どこかうわべだけ飾るような感じがしたんだよね。そんなことをしなくても、本当に企画に力があれば、わかる人はわかると思うんだ」
　小菅は思わず口を挟んだ。
「待って。うわべ『だけ』飾るだなんて言ってないよ。同じことを言うのでも、強調する点とか話の流れを変えようといってるわけで。それにね、究極的には事業立ち上げが目的かもしれないけど、ここでは

『コンテストに勝つ』という目的を無視するのはおかしいと思うな。とすれば、他のチームの発表の中でも、より強い印象を残す必要があるよ」
　高石はしばしうつむいて考えていたが、目を上げると言った。

「ふーむ。わかった。構成を変えるのはOKだ。ただ、話が戻るけど、どう変えるといいんだろうなあ」
「審査員が重視しそうなのは……、ユニークさかな。今までの常識を覆す、みたいな」
「あと、単純に面白そう、話題性がある、というのもあるね」
「うん、確かに細かい収益分析や業務手順などよりは、そっち重視とは言えるな」
「じゃあ、ウチらの企画にとって、そういうユニークな点はというと？」
「着付けの予約を、スマホやウェブでできる」
「いや、そう言っちゃあ今ある美容院や着付け教室だって同じだ」
「お茶会や着付け会などの情報が手軽に入ってくる」
「それもなあ。区民センターとかカルチャーセンターとか出入りしてれば、目に入るものだしな」
「うーん、そうか。和服や茶道・華道などを、ネットとライブの両面からもっと露出してファッショナブルなものにしていこうというのがポイントだよね」
「そうそう、ファッション誌の編集長にヒアリングしたとき、すごくノリノリで賛同してくれたよね。『花火大会で浴衣を着るのは若い子の間ですっかり定着しましたから、もっと他の面でもイケるんじゃないですか』とか何とか。やっぱり、この点はインパクトあるよ。ここを、思い切って前面に押し出せばいいんじゃないかな」

　その後、メンバーたちの議論は「どうすればその魅力が伝わるか」といった話題でひとしきり盛り上がった。

小菅はようやく「構成を見直せ」と言われたことが腑に落ちた気がした。

CHAPTER 3 SECTION 1

【プレゼンの準備：ステップ3-1】
聴き手の導き方を決める
―何を伝えるか

● 「何を伝えるか」を決めるには、聴き手の視点で考える

　聴き手に関する情報を集めたら、次はステップ3の、プレゼンテーションによって聴き手の思考や感情をいかに導くかを考えます。本節では、このステップ3をさらに2つに分け、ステップ3-1として「何を伝えるか」を決めるまでを解説します。
　「何を伝えるか」をさらに分解すると、大きく分けて以下の思考を経ていくことと言えます。

・聴き手がプレゼン前の状態から目的とする状態に移るまでに、疑問や反論に思いそうなことを洗い出す
・洗い出した疑問の中で優先順位をつけて、今回のプレゼン内で触れるべき論点を絞りこむ
・絞り込んだ論点のそれぞれに対して、こちらから答えるメッセージを考える
・それぞれのメッセージについて、それを支えるロジックや事例など、聴き手のために付け加えるべき情報を考える

　これらは、必ずしも上から下へ順を追っていくだけでなく、メッセージを考えているうちに別の「聴き手が疑問に思いそうなこと」が浮かんできたり、メッセージとその根拠をほぼ同時に考えたりという

ように、同時並行で進んだり順序が逆転したりも十分ありえます。

　ポイントは、「自分が言いたいこと」はいったん封印し、聴き手の立場から「聴き手が疑問に思いそうなこと」の洗い出しに集中することです。なぜこういうアプローチを取るかといえば、プレゼン成功の大敵は「飽き」と「もやもや感の放置」にあるからです。

　聴き手は、プレゼンの間中、ずっと集中して聴き続けているわけではありません。どんなに黙って座っているように見えても、自然に集中力は途切れてしまいます。そんなときに、聴き手にとって関心の薄い話が続いていると、かなりの高確率で「飽き」につながります。「この人の話は私には関係ない」「この話はつまらない」と見切られてしまうのです。一度こうなってしまった状況を盛り返すのは至難のわざと言えます。

　したがって、聴き手の関心に沿った話題は、プレゼンのどこかの時点で何度か言えばいいというレベルではなく、途切れがちな聴き手の集中力をつなぎ止めるように、プレゼンの間をなるべく偏りなく満たす必要があります。これは次節でいうストーリーの組み立てでも注意が必要ですが、その前段階の「何を伝えるか」を決める時点でよく考えておくことが重要です。

　また、聴き手は、あなたの話を聴いているとき、ずっと素直に受け入れ続けているわけではありません。内心で、「本当にそうかな」「いまの説明だけではピンと来ないな」「そう言うけど、○○の場合はどうなるのかな」などと疑問や反論を挟みながら聞いていることが多いものです。こうした反応そのものは決して悪いこととは限りません。程度にもよりますが、聴き手が自分の話に「食いついて」来ている証拠であり、よいこととも言えます。ただし、その後の話の中でこれらの疑問や反論が解消されていかなくてはなりません。疑問や反論が解消されず、聴き手の中でもやもやした感情が積み重なると、話し手への不信感につながります。こうなるとプレゼンの成功はおぼつきません。

したがって、「(この話をしたときに) 聴き手が思いつきそうな問い」を先回りして考え、それに対する答えを用意しておく必要があるのです。

「聴き手が疑問に思いそうなこと」を洗い出すヒント

「聴き手が疑問に思いそうなこと」を洗い出すには、ステップ2で行った「聴き手の理解」をフル活用して、聴き手は何を求めているのか、何に引っかかるのか、何についてすんなり理解しにくいのか、冷静に考えてみる必要があります。

とはいえ、この作業はかなり難易度の高いものです。話す自分にとっては既によくわかっていることなので、聴き手が疑問に思うことでも自分は疑問を感じないからです。そこで、考えのきっかけとして以下のような「人がものごとを把握しようとするときの典型的な視点のセット」を当てはめて考えてみるとよいでしょう。

①全体から部分へ

まず大まかな全体像を捉え、それを構成する各部分に分けていくという考え方です。たとえば、財務成績でまず売上と利益について触れ、それから売上の構成や費用の各項目を見ていくといったイメージです。ある事柄を客観的に説明したり報告したりするときに使えます。

②時系列の流れ（過去／現在／将来）

ある状況を説明するときに押さえておきたい視点です。たとえば、「最近の若者は自動車を買わなくなっている」ことを説明するとして、「過去はどうだったか」「今どうなっているか」「将来どうなりそうか」という疑問を押さえるという具合です。

③問題解決の流れ

いわゆる提案営業や、ある施策について同調や協力を訴えるときなどに押さえておきたい視点です。問題解決の流れとは、
- 問題の明確化（何が問題か）
- 問題箇所の特定（その状況の中で特にどこが問題か）
- 要因の把握（なぜそこで問題が発生するのか）
- 解決策の立案（どうやって解決するか）
- 解決策の実行（どのように解決策を実行するか）

という思考の流れを指します。

④メリット／デメリットの比較

選択肢を提示して、その中で意思決定させたいときに使える視点です。選択肢を列挙し、評価項目を定め、その項目について各選択肢のメリット／デメリット、あるいは期待できること／懸念されることな

【図表9】聴き手の疑問を洗い出すヒント

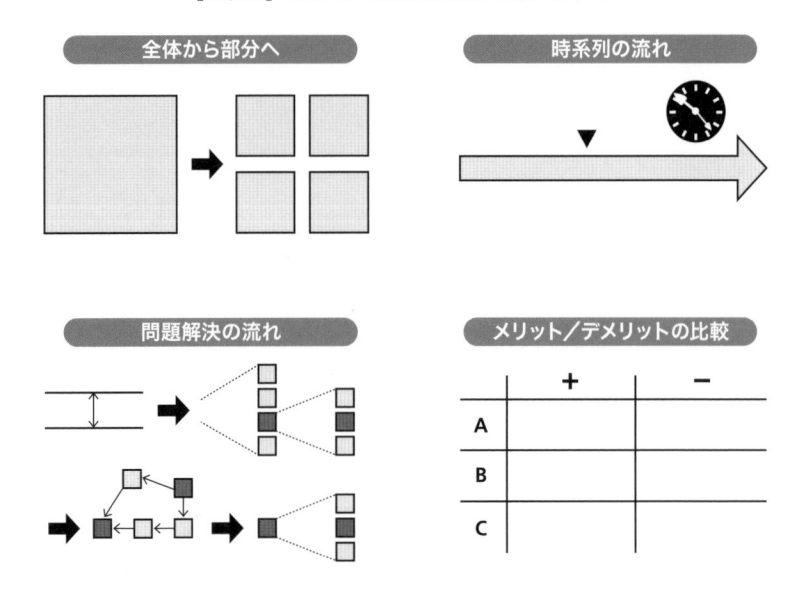

どを挙げていくというものです。

　このようにまず、上記のようなパターンを使いながら、聴き手が着目しそうなことの候補を洗い出し、そして聴き手の関心やそれまでの知識に照らして「疑問に思うかどうか」を考え、話題を取捨選択していきましょう。
　取捨選択する際の基準は、「このテーマで話を聴いて目的とする状態に移るには、聴き手はどんな疑問を、より重視するだろうか」です。「聴き手の疑問に思いそうなこと」という視点で洗い出していますから、全ての話題に聴き手は関心を持ちそうです。だからといって、全ての話題に触れていたのでは時間が足りなくなるおそれがあります。聴き手の疑問の中でもより関心が強いこと、意外感のあることを優先し、関心が低いこと、想定内で驚きが小さいことは省いていくのです。
　ただし、「言いたいことはたくさんある中で聴き手にとって本当に関心の高いものに話題を絞り込む」状況ばかりではなく、たとえば30分と時間が決まっていて、この時間を埋めるために話題を「盛り込む」必要のある場合も出てくるでしょう。こんな場面でもやはり、漫然と話題を増やすだけではなく、聴き手の興味・関心のより強い話題を、膨らませていきます。

● 聴き手の疑問に答えるメッセージとロジックを固める

　プレゼンの中で触れていく「聴き手の疑問」を見極めたら、今度はそれに対する「答え」を作っていきます。本書では、この「答え」の部分を「メッセージ」と呼びます。そして、メッセージを支える理由づけや根拠の部分を「ロジック」と呼びます。
　なお若干細かい話になりますが、聴き手の疑問は、プレゼンのテーマ全体に関連する根本的な疑問と、それを細かく分けた各論的な疑問

や、こちらの話から連想を広げた派生的な疑問に分かれます。たとえば、「新規事業の立ち上げを提案する」というプレゼンで、「この新規事業をやるべきか？」が根本的な疑問だとしたら、「向こう数年の売上目標はどうなっているか？」、「人員の手当てはどうするのか？」、「競合他社はどう反応しそうか？」などが各論や派生の疑問です。前者の根本的な疑問に対する答え、すなわちプレゼン全体の肝となるメッセージをメインメッセージ、各論や派生の疑問に対する答えをサブメッセージと呼びます。

　メッセージを固める際の基本は、聴き手の疑問になるべくダイレクトに答えることです。たとえば、聴き手が「なぜこの事業をやる必要があるのか？」という疑問を抱いているのに、「このような段取りで準備を進めていきます」といった話をメインに打ち出しては見当外れですね。「なぜ？」と問われているなら、「〜だから」と理由で答えるのが基本だということです。

　これほど明らかな外しぶりは論外ですが、実はもう少し微妙な場面もしばしばあります。それは、聴き手が「この施策をやるメリットは？」と思っているのに対して「やらないデメリット」で答えるというように、ワンクッション置いた答えをするケースや、「誰が主な担当者なのか？」という問いに対して、「一丸となって当たっていこう」というように、抽象度を上げてぼかすケースなどです。

　こうしたメッセージの作り方は一概に否定されるものではありません。しかし、実際にプレゼン内で言うかどうかは別にして、「聴き手の疑問にダイレクトに答えるとすればどう言うか」は準備の段階できちんと考えておくべきです。ダイレクトに答えない場合、聴き手が「はぐらかされている」と捉えるリスクが多かれ少なかれあります。そうしたリスクを考慮したうえでなお、「ダイレクトに答えるとこんなメッセージになるが、それならワンクッション置いて（あるいは、少しぼかして）こういうメッセージにした方が納得感が高いだろう」と選ぶならよいのですが、これらの違いに無自覚なままでいるのは避

けたいものです。

　その他、特にメッセージの表現を考える際には、以下の点に気をつけましょう。

①わかりやすく誤解のない表現になっているか
　ごく基本的な話ですが、実際にそれを話してみて聴き手にスムーズに理解してもらえなくては意味がありません。見方によっていろいろな意味に受け取られてしまう可能性のある曖昧な表現はなるべく避けましょう。主語、述語を明確にし、一文をなるべく短くするのも有効です。「もし〜なら、〜だ」や「〜という条件の下で、〜したとき、〜と言える」といった、複雑な構造の文は、目で読むときは比較的苦もなく意味が取れたとしても、話し言葉で聞くとわかりにくくなるものです。できるだけ、単純な構造の文に分解しておきましょう。

②聴き手にとって魅力を感じる表現になっているか
　同じ意味のことを言うにしても、さまざまな表現があります。たとえば、次期の採用計画をプレゼンしようというときに、「たとえ地味で目立たなくとも、一点だけ他より明らかに優れた長所のある人を優先して採用しましょう」と言っても、「小さくてもキラリと光るところのあるダイヤの原石を発掘しましょう」と言っても、指す内容は変わらないとします。このとき、聴き手が好印象を持つ方の表現にするというわけです。ステップ2で押さえた「聴き手の理解」がここで大きく活きてきます。

　メッセージを作ることと合わせて、そのメッセージに説得力を持たせるためのロジックを築きます。もし事例の紹介が必要だとしたら、どんな出来事のどの部分を紹介するかもここで考えておきます。
　ロジックを固めるときに注意すべき点は、上記のメッセージの表現を考える際の注意点と同様です。

③**聴き手の理解を超える説明はしない**

　客観的に見て正しい論理展開であっても、聴き手の理解を超えるような説明に踏み込むのは避けるべきです。たとえば、コンピュータに詳しくない聴き手にソフトウェアの説明をするとき、プログラミングの専門用語を駆使して説明しても、聴き手はついてこられないでしょう。これはやや極端な例かもしれませんが、業界用語や業界慣習など、立場が違うと意外なほど知られていないことはあるものです。

④**聴き手の納得する勘所を押さえたロジックにする**

　メッセージにおいて「聴き手に響く表現」があるように、論理展開でも「聴き手に響く展開」があります。たとえば、ある人は具体的な数字を多用すると納得するかもしれません。またある人は、数字にはアレルギーがあり、やる人の熱意が高まっているかどうかを重視するかもしれません。聴き手の好む勘所を見極め、そこを押さえたロジックにすることが成功のカギとなります。勘所を押さえたロジックにするということは、裏返せば、勘所でない説明はなるべく省くということも意識しておきましょう。

　特に、②や④の「聴き手に響くか」という観点は、紹介する事例を選ぶ際にもよく当てはまります。【失敗例5】を見てみましょう。

失敗例 5

田辺直美、絶好の事例のつもりが聴き手に響かず

　田辺直美は、トイレタリー用品大手のF社でマーケティング・ディレクターを務めている。F社は、業界内でもユニークなマーケティング戦略が有名で、業界内シェアは3、4番手であるものの、年に何点かはヒット商品を出すという実績もあった。
　F社においてマーケティング・ディレクターとは、ある商品ラインに属する商品全体のブランドやマーケティング施策を統括する責任者

で、社内に6名しかいない専門職である。2年前に昇格した田辺は、業界紙や雑誌に取材されたり寄稿したりして、徐々にその名を知られつつあった。

そんな田辺のもとに、ある地方都市の商工会議所から、勉強会の講師の依頼が舞い込んできた。地元企業の経営者の有志がマーケティングの考え方を学びたいとのことであった。

勉強会の発起人である吉橋と、電話やメールで打ち合わせを行った。
「どういった方が参加されるんですか？」
「経営者です。今のところ18名が参加希望していますが、当日までに多少の増減はあるかもしれません。業種は食品スーパーとか、書店、家具屋、不動産屋など、小売業やサービス業が主ですね。年齢は30代から70代まで、結構幅広いですよ。偶然ですが、全員、男性です。商工会議所自体には女性も参加しているんですけどね」
「テーマはマーケティング思考とのことでしたが、どの辺に重点を置けば？」
「参加者の多くは、地域密着、生活密着でやってきているのですが、ご多分にもれず、地方は高齢化で市場が縮小しています。今までのお客様がどんどん減っている。そんな中で、いかにパイを増やすか、需要を喚起するか、みたいな話をしていただければ。人数もそれほど多くないので、初めにある程度の時間でご講演をいただいた後、ざっくばらんに座談的な質問時間を長く取る、という形にしたいのですが」
「なるほど。承知しました。お役に立てるようがんばります」

当日、田辺の講演は大きなトラブルもなく順調に進んだ。参加者は要所で深くうなずいたりメモを取ったり、反応は上々だった。
ところが、講演後の質問タイムで気になることが発覚した。参加者との会話の中で、田辺が講演中に強調した点の一つである「大衆の関心を引くためのフックとなる仕掛け」のイメージが、あまり共有され

③
❶

ていないことがわかったのだ。講演では、近年のヒット商品である防虫剤や芳香剤のCMを例に引いて、冒頭から比較的長い時間をかけて丁寧に言及したところだ。田辺は、やんわりと聞いてみると、参加者の一人がほほ笑みながら切り出した。
「いやあ、田辺さん。申し訳ないんだけどね、実は、そのCMは実際には見たことが無いんだよ。なかなか忙しくてテレビを見られなくてね。いや、御社のCMが世の中で話題らしい、ということは新聞や雑誌などで取り上げられていたので知っていますよ」
　田辺が思わず他の人たちを見渡すと、彼らの大多数も同様の状況のようだった。田辺はCMのことを例に出すとき、口では確かに「皆さん、このCMご覧になったことありますか？」と一言挟んでいたのだが、そこで正直に「いや、ありません」と答えるのは空気が悪くなるようで遠慮されたという状況のようだった。
「ああ、こちらこそ気付かずにすみません。そうですよね、皆さん社長さんでお忙しいですものね。ということは、もしかすると、この芳香剤や防虫剤、実物のイメージもそれほど……」
「そうですねえ……。ただ、さっきも言いましたように、こういうものが世の中で話題らしいということは知っていましたのでね、お話の主旨は伝わりましたよ」
「お気づかいありがとうございます。それでは、少し改めましてこの商品の販売策を企画したときの肝を補足いたしますと……」

　田辺は手持ちのノートパソコンに入っていたCMの動画ファイルを再生してみせたりして、その場は上手く収めることができたが、内心では冷や汗をかいていた。
　（あぶないあぶない、今回たまたま終わった後でざっくばらんな懇談の時間があったから発覚したけど、普通の講演形式だったら気付かないまま終わるところだった。本来なら、あの冒頭の事例でグッと興味を持ってもらうはずだったのに）

【失敗例5】の田辺さんの場合は、CMの話題で興味を喚起しようとしたところが、聴き手からはそこまで関心を持たれませんでした。田辺さんの会社のCMに出てくる商品の使用経験などが想定と異なっていたという例です。聴き手の知識や関心度に合わせて、CMの見せ方を変えるか、そもそもCMに触れるのはやめて別の話題で興味を喚起することを考えるべきだったでしょう。

CHAPTER 3　SECTION 2

【プレゼンの準備：ステップ3-2】
聴き手の導き方を決める
——どのように伝えるか

● 聴き手を導くストーリーラインを考える

　プレゼンテーションで「何を伝えるか」、中に含める話題とメッセージが固まったら、次はそれをいかに配置していくかを考えていきます。すなわち、話題を並べる順序や、各話題の導入と締め括り、プレゼン全体の導入と締め括りなどです。本書では、これらをまとめて「ストーリーライン」と呼びます。

　ストーリーラインを構築する際には、ある話題を出したときに聴き手が次に聴きたくなること、知りたくなることを考えていきましょう。それに順番に答えていく形でストーリーラインを作るのです。実際には、最終的に聴き手に理解してもらいたい結論から出発し、その結論を聴き手が理解・納得するにはその前に聴き手がどうなっているかを逆算して考える方がイメージしやすいかもしれません。【図表10】は、話の出発点から順々に聴き手の関心が移っていくイメージを表したものです。

　ストーリーラインが重要な理由は、文書を読んだり、ビデオやDVDを見たりする場合と比べてみるとわかりやすいでしょう。たとえば、文書の場合は、最初から一文ずつ読み進めないといけないという決まりはありません。途中から読むことも、自分の関心のあるとこ

【図表10】聴き手を導くストーリーラインを考える

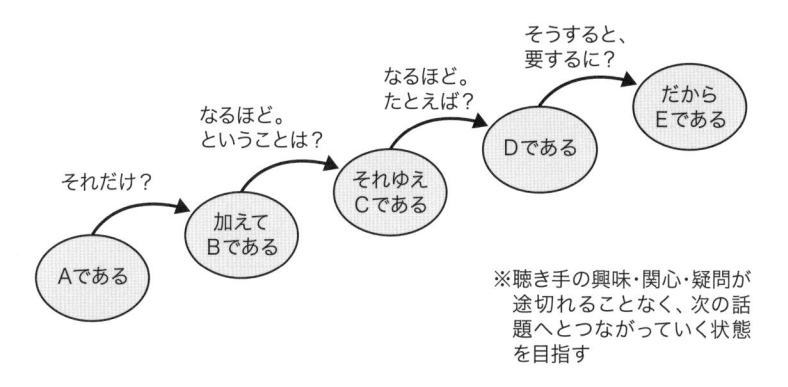

- Aである → それだけ？
- 加えてBである → なるほど。ということは？
- それゆえCである → なるほど。たとえば？
- Dである → そうすると、要するに？
- だからEである

※聴き手の興味・関心・疑問が途切れることなく、次の話題へとつながっていく状態を目指す

ろ以外は飛ばしながら読むこともできます。自分が読んでいるところの内容がわからなくなれば、前の部分を読み返して確認することもできます。映像ソフトも同様ですね。重要でないと判断したら早送りで飛ばすことができますし、一度見てわからなかった部分は戻って再確認することもできます。

　これに対して、プレゼンではそれができないのです。配布資料がある場合は、読み飛ばして先に進んだり、確認のために前に戻ったりすることもできますが、あくまでもそれは資料についてで、話し手の話の流れを聴き手が変えることはできません。基本的には、話し手の示す順序どおりにスライドを見ていき（同時に、話を聞いていき）、全てのスライドが終わったところで全体として果たして何が聴き手の印象に残っているかがカギとなります。

　いくらある部分の話、ある一枚のスライドが素晴らしくても、プレゼン全体の流れのどこかで聴き手の理解がついていかなくなったり、退屈を感じたりしたら、それ以降は話し手に不満を持つか、話し手の意図を離れて自分流の解釈で理解し始めようとしてしまう危険が高まります。最悪の場合、話についていくのをあきらめて、これ以降考えることも、聞くことも放棄してしまうかもしれません。

第3章　「言いたいことをひたすら言う」から脱却しよう ―― 83

もちろん、文書でも映像ソフトでも、聴き手の関心をあまり外してはいけませんので、聴き手を引きつけることに気を使う必要はあります。しかし、プレゼンの場合はなおさら、冒頭からなるべく飽きさせずに聴き手の関心を一貫して「引き続ける」ことを意識する必要があると言えます。聴き手は、必ずしも話し手に好意的とは限りません。話し手に対して無関心であったり、敵意を抱いているかもしれない状況もありえます。そこから目的とする状態まで導くには、【図表10】のように「なるほど」を重ねて誘導することが必要です。そのための手立てが、ストーリーラインなのです。

ストーリーラインの原則

　ストーリーラインを設計する際に気を付ける点は、話題を出す順番と、全体の時間に対する各話題の配分です。原則とすべき考え方は以下の2点です。

①プレゼン全体を通じて聴き手が主に知りたいことに、できるだけ早く到達する

　これまで何度か触れてきていますが、やはり聴き手の「飽き」を避けることが重要です。プレゼンの場に臨む時点で、聴き手の頭には「今日はこういう話を聞けるのかな」「この件についてのプレゼンか、そういえばこれってどうなんだっけ」というような期待と疑問があります。その中でもメインのものに、なるべく早い段階で答えることを意識しましょう。

　もっとも、ただやみくもに冒頭に結論を持ってくれば済むとも限りません。そこはステップ2で見ておいた聴き手の心理状態との兼ね合いで、いきなり結論を投げかけても聴き手の思考や感情が付いてこられない場合もありえます。そのときは、当然、結論に至るまでの前振りや説明をする必要はあります。ただ、それでも「できるだけ早く」

到達することは意識すべきです。

　結論に至るまでに何段も段階を踏んで説明しないとわかってもらえそうにない、という場合は、結論の"予告"だけでも早めの段階でするという手もあります。「詳細はこれから順を追ってご説明しますが、今日は〇〇という点についてお話しする予定です」といった具合です。

②プレゼン全体で聴き手の関心が高いことに、なるべく多くの時間を割く

　プレゼン全体の中で取り上げるべき話題とロジックについては、ステップ3-1で既に取捨選択しているはずですので、あとは出す順番さえ決めれば済むと思うかもしれません。

　ところが、実際に話そうとすると、話題を出す前の「前振り」や、説明のために言葉を足す必要があったりして、意外に時間配分は当初の想定からずれてくるものです。

　そこで、実際に話す流れを考えるこのステップ3-2で、「聴き手の関心が高い話題になるべく多くの時間を割く」という原則を守り続けられているかどうか、チェックが必要です。

　プレゼンテーションが失敗するときは、多くの場合、ストーリーラインがこの原則を逸脱しています。

　すなわち、話が回りくどくてなかなか本題に入らなかったり、あちこちに飛んだりします。これは、「主な話題にはなるべく早く」という原則から外れてしまったケースです。

　あるいは、話が必要以上に複雑で、本題からみて重要度の高くない話題に時間が多くかかってしまうこともあります。これは、「主な話題はなるべく重く」の原則が守れなかったケースと言えます。

ストーリーラインの典型例

　ストーリーラインには、何か一つの正解があるわけではなく、プレゼンのテーマや目的、聴き手によってさまざまなパターンがありえますが、いくつかの典型的な型がありますので紹介します。

①コンサル提案型

　コンサルティング会社のレポートのように、はじめにいきなり結論を提示し、次いでその理由を2～4点ほどに絞って説明していく。あるいは、解決策を説明していく、という流れです。

　聴き手の欲しい情報を直接に提示しますので効率的ですし、ビジネスシーンでのコミュニケーション方法としてかなり定着していると言えます。法人営業でまとまった提案をする場合や、社内の企画立案や調査結果報告など、もともと聴き手と問題の文脈を共有できており、単刀直入に結論に入った方がよい場面に適するでしょう。

②ウィキペディア（百科事典）型

　ウィキペディア（百科事典）の一項目の説明のように、まず概要を示し、次いで細部の詳細な説明、過去の経緯、実績数値、関連事項といった順に示していく流れです。

　無難で起伏のない流れですが、聴き手にとって展開が予想しやすく混乱しにくいというのが利点です。社内で施策の詳細を説明するなど、聴き手に話を聴く空気が予めできていて、かつ伝える内容が複雑なときなどに適しています。

③起承転結型

　冒頭は聴き手が共感しやすい話題から入り、それと関連させながら次第に本来の目的となる内容に近づくよう誘導します。途中で、少し聴き手にとって意外な（新発見となるような）視点を混ぜ、最後に目

的とする結論に落とし込むという流れです。

83ページの図に似ていますが、途中で起伏を作るため「転」の部分を入れるのがミソです。やや一方通行感がありますので、意思決定までには至らない、理解や共感を目的としたプレゼンなどに向いているでしょう。

④冒険小説型

　冒険小説やサスペンス映画のように、冒頭ないし早い段階で聴き手に驚きを与える話題を提示し、そこから話を展開してハラハラ（あるいはワクワク）させ、中盤から終盤では聴き手に葛藤を起こさせるような選択肢を提示し、最後に結論を示す、といった流れです。

【図表11】ストーリーラインの典型例

コンサル提案型

| 結論 | 理由／対策1 | 理由／対策2 | 理由／対策3 | 結論再掲 |

ウィキペディア（百科事典）型　（順序は不定）

| 概要 | 詳細 | 経緯 | データ | 参照先 |

起承転結型　（徐々に本題に導く）

| 共感しやすい導入 | | | 別の視点 | 結論 |

冒険小説型

| 驚きの事実 | 左の話題を展開 | 選択肢の提示 | 葛藤 | 解決 |

ストーリーラインを作るには創造性が要求されますが、成功すれば強い印象を残すことができます。不特定多数の人を集めて講演をするときなどは挑戦してみましょう。

聴き手の心をつかむ

　前項までで聴き手の関心に沿った話題選びとメッセージ、そしてストーリーラインについて書いてきました。これらはプレゼンテーション全体の構成に関する、いわばマクロレベルの話でしたが、ここからは、もう少しミクロな、本題と直接関係ないスキマの話題や、話の中で使うワンセンテンスレベルの工夫についても述べたいと思います。

①自分という存在に共感してもらう

　聴き手がアクションを起こす原動力の一つに「共感」があります。では、共感は何から生まれるのでしょうか。話の中身は当然重要ですが、話し手であるあなた自身も負けず劣らず重要です。

　話し手の言葉や振る舞いに対して、聴き手が邪推や裏読みをせず、素直に受け止めてくれる状態が理想的と言えるでしょう。このような、お互いが相手のことを信頼し、安心感を抱いている状態のことをラポールと呼びます。話す前に互いのことをあまりよく知らないときは、なるべく早い段階、特に自己紹介や導入のところでラポールを築いておきたいものです。

　ポイントは共感ですので、あなたと私は共通した属性を持っている、同じことに興味関心を抱いている、同じことに驚いている、同じことを懐かしんでいる、同じことに感動している……というように、同じ心の動きをする話題を出すことです。

　たとえば、「この会場に来る途中、緑のきれいな並木道を通りましてね。もうすぐ夏ですね」とか、「ヤンキースのマー君、また勝ちましたね。すごいですね」といった雑談を混ぜるのには、単に聴き手を

リラックスさせるだけでなく、自分と聴き手が同じ反応をしそうな話題を出して「共感」の場を作る目的もあるということは意識しておきましょう。

②ほどよく権威をアピールする

　一般的な傾向として、人は「権威」を認めた人の言うことを受け入れやすくなります。聴き手と自分との関係に照らして分不相応なハッタリはいけませんが、それなりの裏付けのあるときは、自分はこの話題に関して人前で語るだけの権威があるのだと、それとなく示すことを意識しておきましょう。

　単に、自己紹介で肩書きや実績に触れるだけとは限りません。説明の中で、自分が経験した事例を紹介したり、著名人や専門家の言葉や体験を引用したりするのも、さりげない権威のアピールになりえます。質問を投げかけながら進めていくというのも、「こちらが話の主導権を握っていますよ」と暗示する効果があります。もっとも、あまり露骨すぎると反感を買う危険もありますので、「ほどよく」やることが肝心です。

③不安や迷いを取り除く

　メッセージやロジック、ストーリーラインを作るときには、プレゼンの目的に対して聴き手が感じるだろう疑問や反応を想定してきました。現実には、聴き手はそれ以外にもさまざまな心配ごとを持つものです。たとえば、「いつ終わるのかな」「机の上のこの資料は何に使うのかな」といった具合です。

　冒頭で全体の概要と時間配分などを予告するのは、聴き手を安心させる効果を狙っています。質問をしたくなったときの対応として質疑応答の時間は取るのか、配布資料に何があるかなどを説明するのも同様です。時間が長いときは、あらかじめいくつかのパートに分けておくのも、聴き手が残り時間を読めるという効果があります。

　また、最後の締めの部分で、それまで話した内容を再度まとめた

り、何かプレゼン後にして欲しい行動があるときに念押ししたりするのは、聴き手に迷いを残さないという効果を狙っています。

④「地雷」を避ける

聴き手の「共感」が重要ということは、言いかえれば「聴き手に共感されないこと」「聴き手の反感を買いそうなこと」はなるべく避けようということです。もちろん、本論部分では多少聴き手の耳の痛いことも言わなくてはいけない場面もあるでしょうが、本筋以外の部分で聴き手の感情を逆なでするようなことは避ける必要があります。

次の【失敗例6】の室井さんは、本人に意図はなかったのですが、結果として聴き手の気に障る話題を出してしまい、どう挽回するか心配する羽目になってしまいました。

失敗例6　室井新太郎、思わぬ話題で聴き手の地雷を踏む

　室井新太郎は、リース業G社の事業企画グループでグループリーダーをしている。このたび、彼が担当して開発した店舗用什器のリースシステムが、近畿地方を地盤とする小売りチェーンH社から受注内定を獲得した。

　営業でH社を担当している山岸から電話があった。
「室井さん、やりました。H社の件、受注取れそうです」
「そうだってな。よかったよ」
「そこでですね、先方の店舗開発の人とか財務の人とか、関係する部署の方たちが什器とリースの仕組みについて細かい話を聞きたいとおっしゃってまして。室井さんか、あるいはグループの方でこちらまでお話に来てくださる方はいませんか」
「そうだな、僕が行くよ。スケジュールは……」

　H社とのミーティングでは、初めに山岸の上司にあたるG社の営業

支社長が受注御礼の意味も込めて挨拶のスピーチを行い、次に室井が什器そのもののスペックや導入までのスケジュール等に関する説明、最後に山岸が今後の取引について話すという段取りとなった。

　挨拶に立った支社長は話が上手く、陽気なジョークを連発して何度も参加者から笑いを取り、和やかな空気を作りだした。そうした空気に乗せられて、室井も笑顔を浮かべながら自己紹介から話を始めた。
　——もうお気づきかもしれませんが、自分は人気司会者のJ氏によく似ていると言われます。私は最近太ってしまいましたが、昔はやせていたのでもっと似ていました。J氏と間違われて、居酒屋で酔っ払いに絡まれたり、新幹線に乗っていたらサインを頼まれたことも……。
　客先でのスピーチでは必ず自己紹介に使っている室井の「鉄板ネタ」だったが、今回は思ったより反応がよくなかった。ふと山岸の方をみると、何やら目配せをしている。
　いぶかしく思いながらも予定のプレゼン内容をとどこおりなく終え、いったん休憩となった。休憩タイムになると、山岸がやってきて室井の袖を突き「ちょっと……」と小声で呼んだ。部屋の外へ出て廊下の隅へ誘われると、山岸が声をひそめてこう言う。
「Jさんの話は、このあと無しでお願いします」
「ああ、あの話？　何か問題があったかい」
「実はですね、こちらのテレビでJさんが司会のニュースショーがありまして、そこがH社の商品表示偽装疑惑というのでキャンペーンをやってるんですよ」
「えっ、そんなことが。いや、知らなかったなあ」
「そうですよね。関西ローカルの話題ですし。ただ、Jさん、番組中で結構辛辣なコメントを何度もしてましてね。H社は疑惑については反論してまして、今は対立中というわけです」
「うーん、どうしようか」
「まあ、本筋とは直接関係のない冒頭のネタでしたから、今さら蒸し

返すのもかえって変ですし、先方もこれが理由で表立ってどうこうはしないと思います。ただ、感情面で引っかかりがあるのも確かですので、この後、夜に宴席がありますよね、そこでは何か違う話題で盛り上げるようお願いします」
「そうだな。心配掛けてすまない」

聴き手の印象にインパクトを残す

　前項までで、ビジネスシーンでよくあるプレゼンにおけるストーリーラインの作り方について、基本的なところはほぼ解説しました。ここでは、ストーリーにあえてアクセントを作ろうとするときのテクニックについて、触れてみたいと思います。
　一般に、聴き手をリラックスさせたり、話し手に対する興味を持続させたりするために、本題から外れた余談やジョークを入れるのが一つの有効な手段です。
　また、多くのビジネスシーンでは、プレゼンの話し手と聞き手は一度限りの関係ではなく、その後も長期的に関係が続くことを考えると、プレゼン本来の目的（たとえば、「取引先のキーパーソンを納得させる」とか）とは別に、自分という存在をのちのちまで好印象とともに記憶に留めるという、いわば名刺代わりの要素を仕込んでおくことも重要になってきます。

　では、そうした聴き手をリラックスさせつつ興味を引く仕掛け、記憶に留める仕掛けとは具体的にどんなものがあるでしょうか。よく使われるものとしては、①笑い、②雑学、③決めゼリフが挙げられます。

　笑いの効用については、既にさまざまなスピーチの指南書などでも

語られています。堅くなりがちな場の空気をほぐすという文脈での効用が重視されていますが、プレゼンが終わった後までも自分の印象をポジティブにするという効用も無視できません。ただ現実問題としては、「プレゼンに挟んでちょうどよいジョークやユーモア」を選ぶのは難しいものです。使えれば強力な武器ではあるが、使いどころが難しいといったところでしょうか。

　笑いの使いどころとして注意したいのは、一つは、自分のチャームポイント、キャラクターとの整合性です。キャラに合わない笑いを取りに行っても、なかなか成功しません。その意味で、【失敗例6】の室井さんが使っていた「私は（有名人の）〇〇に似ているとよく言われて……」というのは、聴き手が初対面に近いときの冒頭ネタとしては、汎用性があると言えるでしょう（よく似た人が存在しないと使えないのが弱点ですが）。

　使いどころの注意点で二つめは、自分と聴き手との関係をよく見極めることです。一般的には、他者を誹謗するものはタブーですし、間接的に他者批判につながる恐れがあるため政治や宗教などの話題も避けた方が無難です。では自虐的ならいいかというと、あまり下品で露悪的なものはやはりよくありません。もっともこれはあくまで一般論で、自分と聴き手の結び付きがそれほど濃くない場合です。自分と聴き手との関係が強いのであれば一転して、あえて際どいブラックジョークや内輪受けのネタを発するのも有効手段になりえます。

　雑学を披露するのは、笑いを取るよりももう少しハードルが低いかもしれません。本筋から少々外れても、「ほう」「へえ」と思わせるような話題を挟むことで、記憶に残りやすくなります。注意点としては、本筋とは関係なくてよいとはいっても話題を持ち出す際には多少のつながりが必要という点、長くなっては逆効果で簡潔にさりげなく披露する方がよいという点があります。

　決めゼリフについては、ちょうどこの本の企画が持ち上がった2013

年に特に印象的なものが流行しました。予備校講師の林修氏が講義風景を収めたCM中で発した「いつやるか。今でしょ」と、五輪誘致のプレゼンの中で滝川クリステル氏が使った「お・も・て・な・し」です。決めゼリフが見事にはまれば、元々のプレゼンの文脈を離れても、いかに人の記憶に残るかを示した好例と言えるでしょう。いずれも、セリフの字面だけを取り出せば、決して特別なこと、凝ったことを言っているわけではありません。言うときのしぐさや間、またプレゼン全体のメッセージを凝縮したものであることなどが印象度を高めています。

　プレゼンに混ぜて効果的な雑学や決めゼリフを考えるのには、必ずしも自分でゼロから作り出す必要はありません。思わず感心した豆知識、上手いと膝を叩いた言い回し、言いたいことの核心がこぼれ出たひとこと、日常の中でこうしたものに出会ったらストックしておきましょう。

　故スティーブ・ジョブズ氏がスタンフォード大学卒業式のスピーチで使ったことで有名な「Stay hungry. Stay foolish」も、ジョブズ氏本人のオリジナルではありません。彼が若い頃愛読していた雑誌に書かれていたフレーズを引用したものです。アンテナを高くして、周囲をよく観察し、ネタを拾っていくという姿勢が重要になります。

第3章のまとめ

聴き手の視点で、「聴き手が疑問に思いそうなこと」を洗い出し、プレゼンで「何を言うべきか」決める
- 「自分が言いたいこと」はいったん封印して、聴き手の立場から考える
- 「全体−部分」「過去−現在−未来」などの枠組みを使って、聴き手の発想を幅広く見渡す
- 聴き手の疑問に答える形で、プレゼンの中に込めるメッセージとロジックを考えていく

聴き手の関心を終始引き付け、最終的に目的まで導くストーリーラインを考える
- プレゼンの時間中、一貫して聴き手が興味・関心を持続できるような誘導がポイント
  ストーリーラインを作る際に意識すべき原則は、
  ・聴き手が主に知りたいことに、できるだけ早く到達する
  ・聴き手の関心が高いことに、なるべく多くの時間を割く
- コンサル提案型、起承転結型など、いくつかストーリーラインのモデルはあり、プレゼンの状況に応じて参考にできる
- ちょっとした話題や言い回しレベルでは、自分に共感してもらうこと、ほどよい権威のアピール、聴き手の不安や迷いを解消しつつ「地雷」は避ける気遣いなどが重要
- 聴き手に自分の印象を残す仕掛けとして、笑いや雑学、決めゼリフなども、状況によっては積極的に使いたい

CHAPTER
4

スライド作りと演出を考える

STORY

この図をスライドに入れたい、でも時間が足りない！

　深夜にまで及んだ臨時チーム会議が終わり、日を改めて今度はプレゼンで使うスライドの見直しを行おうということになった。
　ストーリーの流れや「何を前面に押し出すか」というアピールポイントが決まったこともあって、作業はサクサク進んだ。しかし、勢いに任せて思いつくままスライドを直していったところで、小菅は次第に困ったことに気がついた。量が多すぎるのだ。チーム会議の場で、皆に相談してみた。

「ストーリーを見直して、やっと時間を10分に収めたと思ってたのに、このスライドを読んでいったら、また時間オーバーしちゃうよ」
「書いてあることを全部読み上げる必要はないんじゃないかな。『詳しくは、スライドをごらんください』とだけ言って、次へ進むという手はあるはずだ」
　前回は電話会議での参加だったが今回は都合をつけられた島本は、積極的である。

「そうね。でも、それだと確かにこちらが口に出して読む時間は節約できるけど、聴き手が内容を黙読してる時間は結局かかるじゃない？」
「ふーむ、そうだな。スライドに載せる文言は、思っていた以上に、絞り込まないといけないんだな」

「それでいうとね、たとえばこの、今度の企画で新しく作ろうとしてるサイトの全体構造を説明する図だけど。高石君、要るかな？」
　高石は即答した。
「そりゃあ、必要だろう。実際にサービス展開するとなれば、このポータルサイトが肝なんだ。どういう構造になっているかは、重要な情報だと思う」
「でも、新しく作り変えたストーリーでは、そこまで深入りしないのよね。正にさっき言った『詳しくは、こちらをご覧ください』だけの言及で流すところなの。でも、こうやって書いてあると、出された方は結局隅々まで読んじゃうでしょ。だったら、いっそ載せない方がいいかなと思って」
「読んじゃって何がいけないの」
「話す方としては、次の話題に進みたいわけよ。それなのに、聴き手の視線がいつまでも図を追いかけていたのでは、やりにくいよね」
「聴き手が中身を把握してくれるまで、ある程度は待つのも仕方ないだろうな」
「だからー。そんなことしてたらトータルで時間が押しちゃうんだって」
　気まずくなりかけたところで、和田が間に割って入った。
「まあまあ、たとえば『参考資料』ということで、紙で配る資料には入れておくけど、プレゼンの中では触れない、という方法もあるんじゃない。営業のプレゼンだとよくあるよ。
　それよりさ、寺岡さんが優香にくれたメールで、『視覚的効果は検討に値すると思う。画像や映像、あるいは何かの小道具とか』って話があったでしょう？　これについても、考えようよ」

この提案に、他のメンバーも一斉にしゃべりはじめた。
「いいねえ」
「やっぱり、画像は使いたいね」
「若者や外国人観光客が和服を着て街歩きしている画像、もっと探してみるね」
「そうだ、小菅さん、着物着てプレゼンしたら」
「登場のBGMは『春の海』にしよう」

　小菅は（みんな、こんなに盛り上がるんなら、最初にプレゼン資料作ったときからもっと意見言ってよ）と思ったが、考えてみると「自己紹介して、企画の概要、サイトの体裁、収益計画」などと続く、初めの"無難"な構成だったからあまりアイデアも出なかったので、こうやって興味を引き付けるストーリーにしたことで初めて発想が活性化したのだとも思えた。

CHAPTER ④ SECTION ①

【プレゼンの準備：補論1】
スライド作成の技術

> ● メッセージとストーリーラインあってこそのスライド作り

　プレゼンテーションやスピーチの際に、スライドを投影しながら行うケースはビジネスシーンではごく一般的です。しかし、あまりに定着してしまったせいか、「プレゼン準備」イコール「スライド作り」となってしまいがちな危険も無視できません。第1章の【失敗例1】で出てきた上島さんのように、目的や聴き手の理解をおざなりにしていきなりスライド作りに取りかかっても、決してよい結果は出ないでしょう。

　やはり、ここまで解説してきたように、まずプレゼンの目的、次いで聴き手について理解したうえで、どんな導き方をしたらよいか、すなわちメッセージとストーリーラインの骨格を決め、そこで初めて実際にスライドを作り始めるというのが、あるべき手順と言えます。

　とはいえ、プレゼンに際しての聴き手の印象の中で、スライドが相当程度の存在感を占めるのも事実です。そこで、スライドの作成については、音楽や小道具など他の演出技法と合わせて、ステップ3「導き方を決める」の中でも、特に補論として解説することにしました。

　わかりやすいスライドの作り方については、既にさまざまな書籍が出ていますが、本書ではここで、ビジネスパーソンがつい作ってしまいがちな「スライドの落とし穴」に触れながら、要点を解説していき

第4章　スライド作りと演出を考える —— 101

ます。

一枚のスライドの中で整合性をとる

　スライドを作る際の原則は、「一枚のスライドに一つのメッセージ」です。

　ステップ3–1で、プレゼンの中で取り上げる論点と、それに対応するメッセージを取捨選択していますね。また、ステップ3–2でそれらをどう並べるか、またプレゼン全体の導入や締めくくり、各メッセージの前振りといったストーリーラインも設計しています。それに合わせてスライドを準備するという流れになるわけですが、このと

【図表12】スライドの構成要素（例）

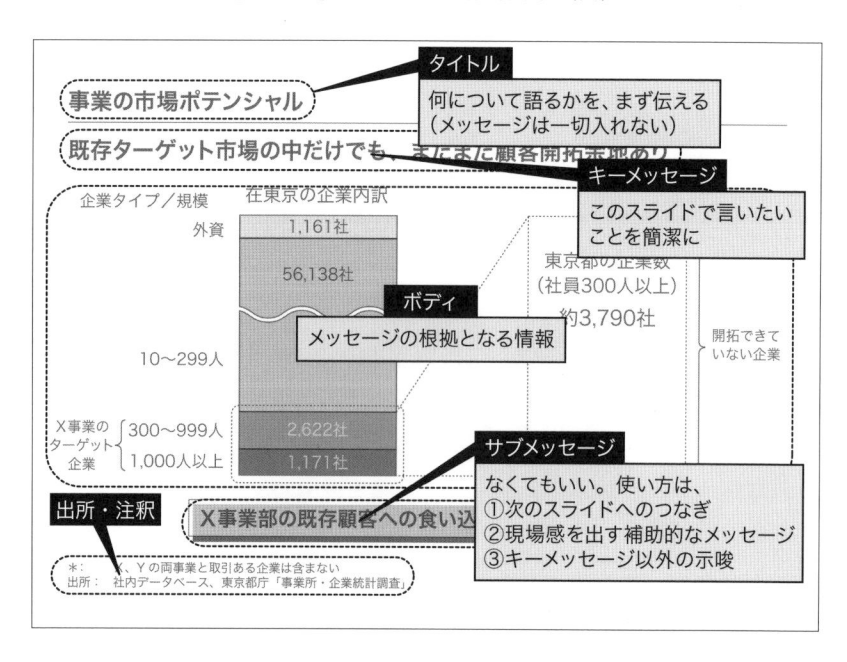

- タイトル：何について語るかを、まず伝える（メッセージは一切入れない）
- キーメッセージ：このスライドで言いたいことを簡潔に
- ボディ：メッセージの根拠となる情報
- サブメッセージ：なくてもいい。使い方は、
  ① 次のスライドへのつなぎ
  ② 現場感を出す補助的なメッセージ
  ③ キーメッセージ以外の示唆
- 出所・注釈

き、いくつもの論点をまとめて一枚のスライドに盛り込むのは、なるべく避けましょう。

　プレゼンの間じゅう、スライドは聴き手の目に触れっぱなしなので、どうしても聴き手の関心や思考はスライドに引きずられやすくなります。そこで複数の論点を一枚に盛り込むと、聴き手の思考の流れが混乱しやすいからです。

　スライドの基本的な構成要素としては、タイトル、キーメッセージ、ボディなどがあります。一例として【図表12】のような、構成になっています。ボディは、テキストのみの場合もありますし、グラフや図表、写真などが入ることもあります。

　筆者は、スクールや研修などで多くのビジネスパーソンの作成するスライドを見てきましたが、一枚のスライドの中で整合性を欠いてしまうケースが目立ちます。たとえば、【スライド例１】のようなケースです。

　こうなる理由の一つは、おそらく、言おうとするメッセージが、実はよく固まっていないからと思われます。したがって、ここまでのステップをきちんと踏めば、こうした整合性の混乱はかなり減らすことができることでしょう。

　もう一つ、「一枚のスライドに一つのメッセージ」の原則が崩れてしまう典型的なパターンとしてグロービスのクラスなどでよく見られるのが、余計な情報を入れてしまうことです。【スライド例２】、【スライド例３】を見てみましょう。

　このように余計な情報を付けてしまう理由としては、「さびしく感じて」「つい彩りをつけたくなって」などが聞かれます。気持ちはわかりますが、情報の追加によって焦点がぼやけてしまう危険があることも頭に入れておきましょう。

第4章　スライド作りと演出を考える —— 103

【スライド例1】

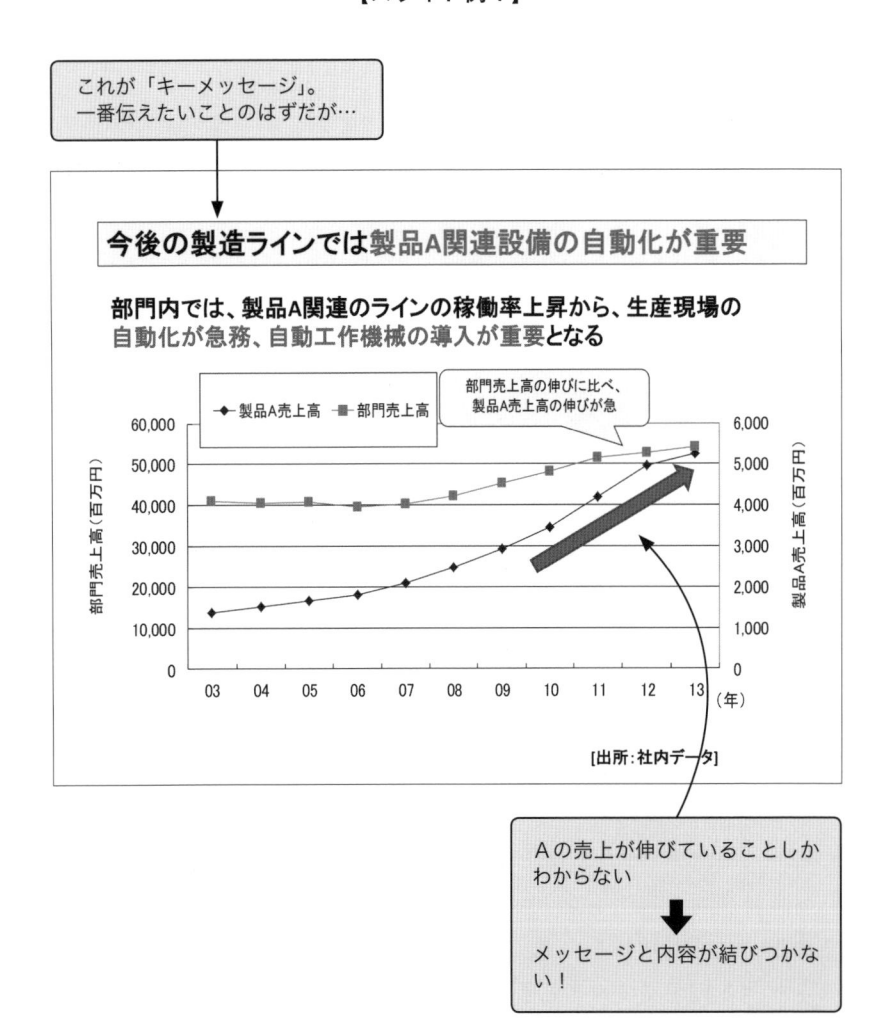

> これが「キーメッセージ」。
> 一番伝えたいことのはずだが…

今後の製造ラインでは製品A関連設備の自動化が重要

部門内では、製品A関連のラインの稼働率上昇から、生産現場の自動化が急務、自動工作機械の導入が重要となる

凡例：製品A売上高／部門売上高

> 部門売上高の伸びに比べ、製品A売上高の伸びが急

縦軸（左）：部門売上高（百万円） 0〜60,000
縦軸（右）：製品A売上高（百万円） 0〜6,000
横軸：03 04 05 06 07 08 09 10 11 12 13 （年）

[出所：社内データ]

> Aの売上が伸びていることしかわからない
> ↓
> メッセージと内容が結びつかない！

- メッセージで言っていることと、グラフで示している内容とが合っていない。
- グラフからは、「部門売上の伸びに比べ、製品A売上高の伸びが急」ということはわかるが、メッセージの「自動化が重要」には結びつかない。

【スライド例2】

消費者は、相談相手を探している

消費者インタビューより

小売店店頭で
・試供品を試してみたけど、誰かに確認したい

化粧品専門店・デパート
・やはり相談員の言うことは何かと参考にしている

通販
・何度か衝動買いしたが、あとで情報確認しなかったことを後悔することが多い
・口コミはじっくり読むが、信頼できるのか不安

エステサロン
・いろいろ勧めてくれるが、商売目的では、という疑いもある

写真とメッセージが合っておらず、単なる穴埋めになってしまっている

- 挿入している写真にどうしても注目が集まってしまうが、写真が連想させることと、文章部分のメッセージがつながっておらず、見る人に疑問を起こさせてしまう。

第4章 スライド作りと演出を考える —— 105

【スライド例3】

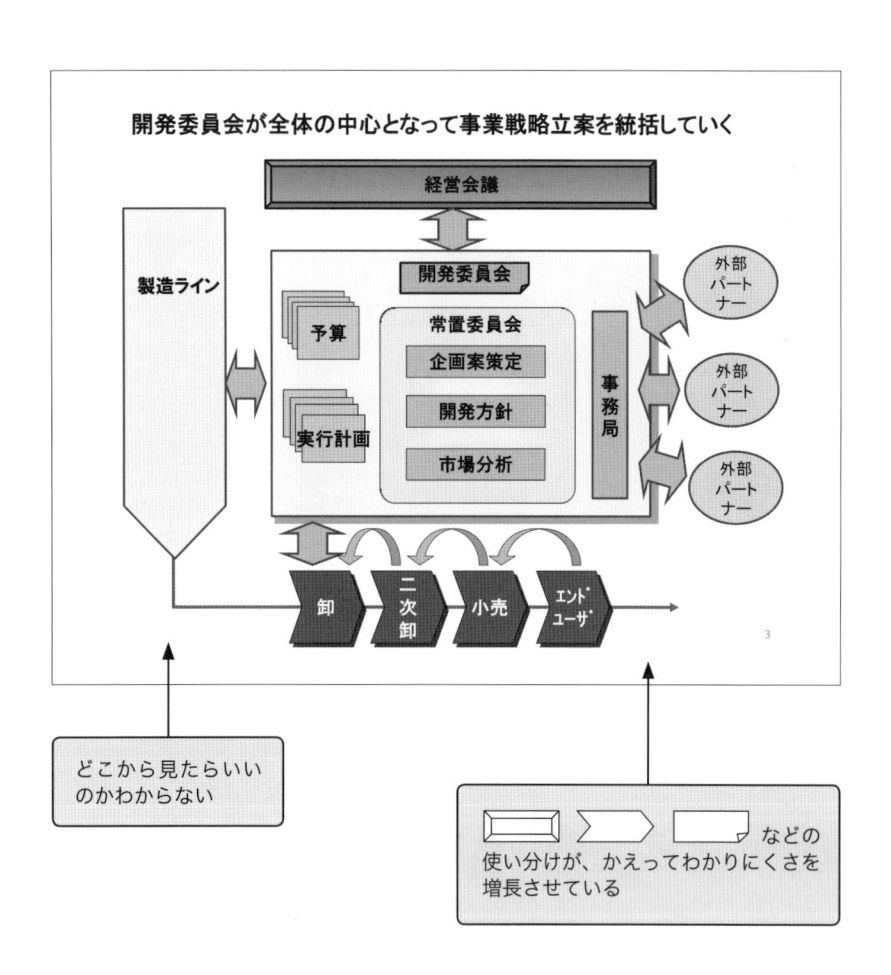

開発委員会が全体の中心となって事業戦略立案を統括していく

- 経営会議
- 製造ライン
- 開発委員会
  - 予算
  - 実行計画
  - 常置委員会
    - 企画案策定
    - 開発方針
    - 市場分析
  - 事務局
- 外部パートナー
- 外部パートナー
- 外部パートナー
- 卸 → 二次卸 → 小売 → エンドユーザ

どこから見たらいいのかわからない

□ ＞ ▭ などの使い分けが、かえってわかりにくさを増長させている

- 囲みの形、矢印の形、影の有無など、過度にバラエティをつけて、かえってそれぞれにどんな意味があるのか、直観的にわかりづらくなっている。

● 距離を置いたところから見たときのわかりやすさを追求する

　もう一つのスライドを作るときの原則は、聴き手の位置から目で見たときのわかりやすさを徹底的に追求することです。聴き手は親切に話し手が見せるスライドにつきあって、隅々まで読んでくれるとは限りません。小さなきっかけで「拒否反応」が起こると、とたんにプレゼン全体に関心を無くしてしまいがちです。そこで、気を付けたいのが「パッと見」のわかりやすさです。

　たとえば、以下のような点に注意してみましょう。

①フォントは十分な大きさで

　単純だけど意外にやってしまいがちなのが「字が小さいこと」です。次のページの【スライド例4】を見てみましょう。一見すると、箇条書きでまとまっていて見やすい構造に思えます。しかし、パソコンの画面上で作成している段階では、一番小さい字（・の後に続く字）も無理なく読めるのでしょうが、スクリーンに投影された状態ではほぼ読めないと思っておいた方がよいでしょう。別途、紙で資料を配布して後で読ませるとしても、これを投影した時点で聴き手の感情が冷めてしまう危険は大きいと言えます。

②メッセージは（短く絞れるのならば）文字で入れる

　たとえ「グラフや表を読み解けば、一目瞭然だ」と感じるような場合でも、漢字かな交じり文が瞬間的に伝える情報量にはかないません。文で表現しようとすると長くなってしまいかえって視認性が落ちるという場合は別にして、メッセージはなるべく文字でも表現するようにしましょう。これは、聴き手がこちらの思うような解釈をしてくれないという危険を減らす、という意味合いもあります。

　【スライド例5】の上の図でも、タイトルとグラフを見比べれば、

【スライド例4】

> この文字が18ポイント。スライドでは、もっとも小さい字でも18ポイントまでにする

わが社の歴史からの学び

■ **創業期**
- 技術・販路等が未確立、市場が未成熟。顧客に商品知識がなく情報の非対称性がある
  ⇒ ビジネスを新たに立ち上げ市場を創り出すことに注力
- 先行者利益を活かして、自社に優位な流通チャネルを築き、競合に対する参入障壁として機能

■ **隆盛期**
- 自社優位のポジションをベースに、高度経済成長下で市場拡大していったメリットを享受
- チャネルの参入障壁を土台に垂直統合を進め、流通コストを下げて潤沢な利益率を確保
  ⇒ 小売に対する発言力が強い体制に最適化

■ **成熟期**
- 小売業態の多様化、グローバル化の進展などから、競合の追撃が激化し、販売費が増大
  市場の成熟化のもとで、値下げ／付加価値追加競争を余儀なくされ、利益率が悪化
- 新たな代替品の出現 ⇒ 従来の強みが通用しない時代

■ **今後の展望**
- 情報氾濫の時代、広告やブランド構築によっても差別化が困難に
- 新規参入は引き続き容易、ネット経由などチャネル間の競争も激化続く
  ⇒ 複数のチャネルと等距離の結びつき、機動的な関係構築が求められる

多様なパートナーを並行して開拓するマインドセットが必要

> これは13ポイント。小さすぎて読みにくい

● 小さい字は、聴き手から読めない可能性が高い。一般的に、フォントの大きさは18ポイントが無理なく読めるギリギリ。このスライドでは、「創業期」「隆盛期」などの文字が18ポイント。

【スライド例5】

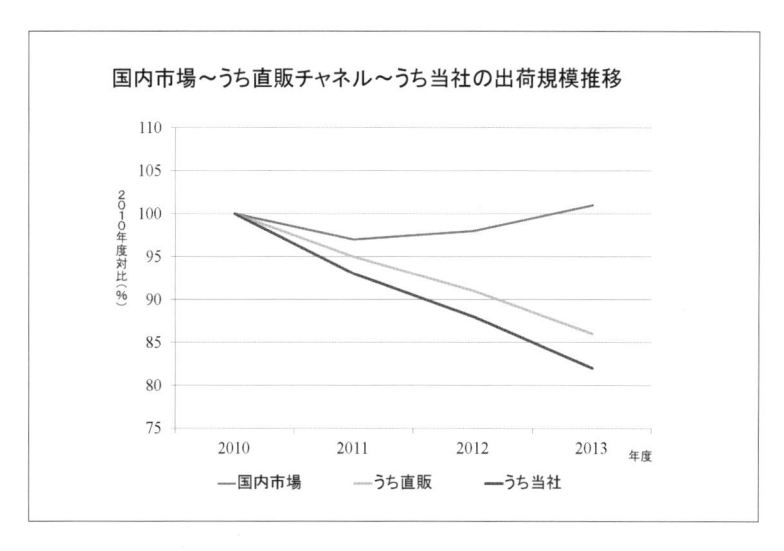

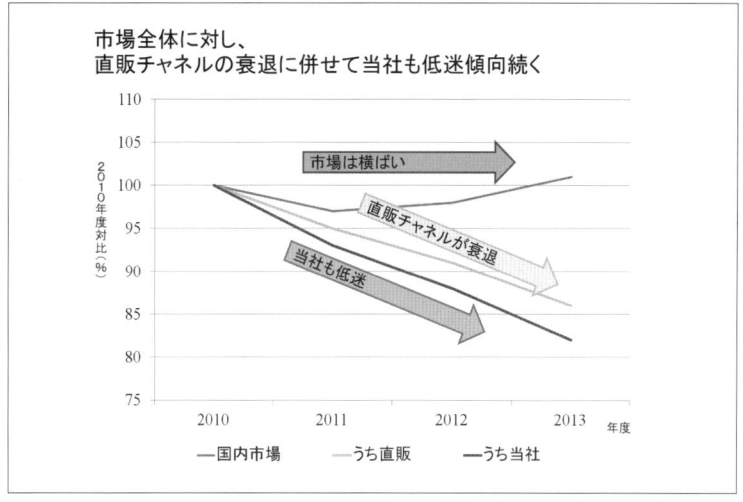

国内市場〜うち直販チャネル〜うち当社の出荷規模推移

市場全体に対し、
直販チャネルの衰退に併せて当社も低迷傾向続く

（グラフ中注釈：市場は横ばい／直販チャネルが衰退／当社も低迷）

- 上は、単にグラフをそのまま出した例。見出しも、単に「何について調べたか」を記したもの。
- 下は矢印と文字で言いたいことをグラフ上に乗せた。また見出しにもメッセージ性を持たせた。

第4章 スライド作りと演出を考える —— 109

確かに言いたいメッセージは伝わるかもしれません。ただし、よりインパクトを残したい、まずはこの点に注目させたいと考えると、下の図のように文字による強調をすることで、より効果が増します。もっとも、前述の「一枚のスライドに一つのメッセージ」を守ることが前提です。一つのスライドでこの手の強調が多くなりすぎると、かえって効果は薄れてしまうでしょう。

③強調線や色づけでは、残り部分とのギャップで目立たせる

　アンダーラインや色づけなど、スライドを飾るための仕掛けはいろいろありますが、何のために飾るのか、目的をよく考えて使いましょう。ロジックやメッセージをはっきり伝えたいスライドで、さまざまな飾りを使うのは考えものです。こうした場合は、あくまで「目立たせたい部分を目立たせる」という目的に絞って使いましょう。原則は、「飾り」と「それ以外の部分」のギャップを大きくするということです。

　また、パワーポイントのグラフ作成機能には、さまざまな効果を生じさせる仕組みが入っていて、つい使ってしまいがちです。ところが、あとあとまで読み返すような資料に使うならば効果がある機能でも、見せながら話すプレゼン用としては、かえって見にくくしてしまう危険もあるので要注意です。たとえば、【スライド例6】や【スライド例7】のグラフなどを見てみましょう。

【スライド例6】

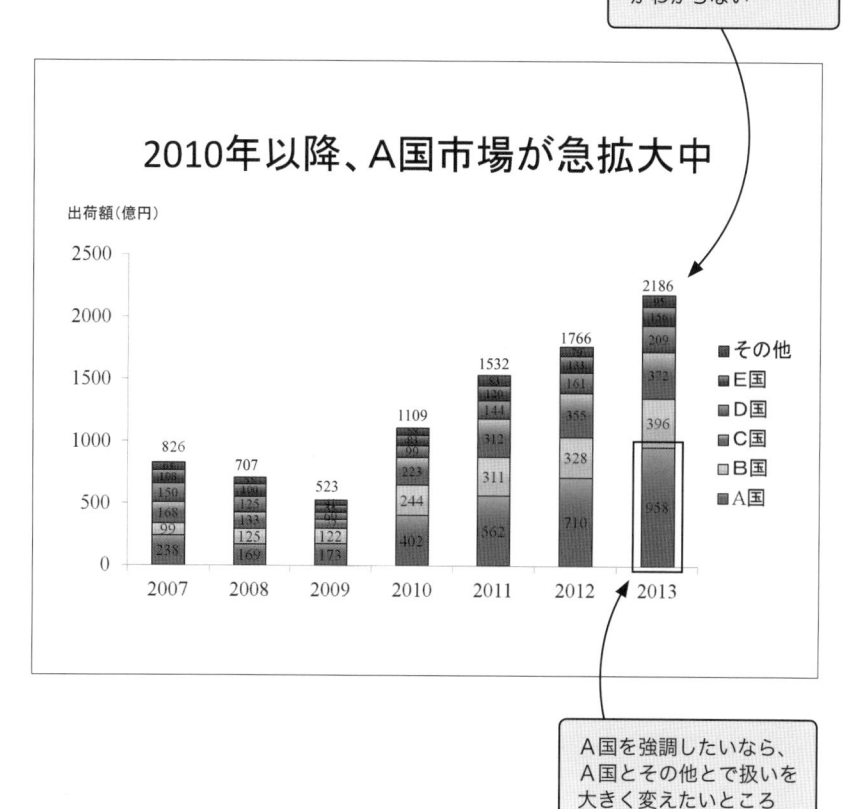

> どこを見てほしいのかわからない

2010年以降、A国市場が急拡大中

出荷額（億円）

年	A国	B国	C国	D国	E国	その他	合計
2007	238	99	168	150	108	63	826
2008	169	125	133	125	109	46	707
2009	173	122	71	70	41		523
2010	402	244	223	99	84		1109
2011	562	311	312	144	120	84	1532
2012	710	328	355	161	134	77	1766
2013	958	396	372	209	180	95	2186

> A国を強調したいなら、A国とその他とで扱いを大きく変えたいところ

● 棒グラフ内の「A国」から「その他」まで、数値を表示し、グラデーションをつけているが、必要だろうか。A国を目立たせたいのであれば、A国（と全体）のみ数値付きとし、塗りつぶしもA国が目立つ形としたい。

【スライド例7】

B地区の市場の伸びは圧倒的、近年伸び率がさらに拡大

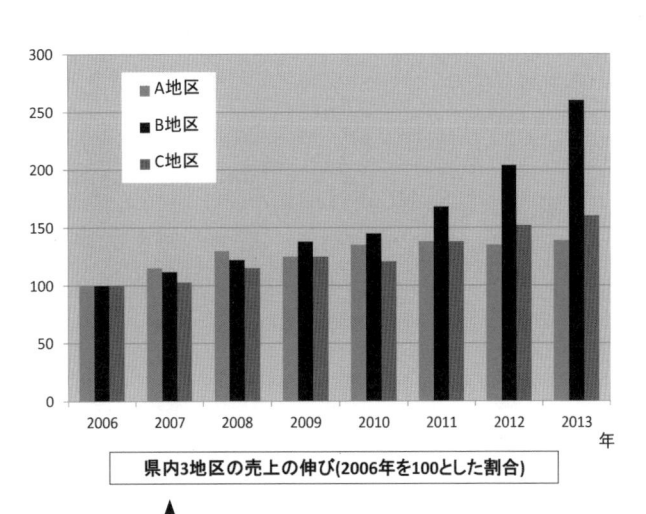

■ A地区
■ B地区
■ C地区

県内3地区の売上の伸び(2006年を100とした割合)

④
❶

いかにもエクセルをそのまま貼ったという感じ。プレゼンの聴き手の身になって、伝わりやすいよう一手間かけたい

- シンプルなグラフだが、背景に色がついているため、かえって見にくくなっている。
- 棒グラフをより目立たせるためなら、背景は無色の方がよい。
- グラフ描画ソフトのデフォルトで背景に色がついてしまうケースがあるので注意。

CHAPTER 4　SECTION 2

【プレゼンの準備：補論2】
スライド以外の演出手段

印象に残す仕掛け

　前節では、主にパワーポイントによる、テキストとグラフや表によるプレゼン資料の準備について解説しましたが、プレゼンの演出上使えるツールは他にもあります。

　パワーポイントは、取引先への営業の提案や社内での企画稟議などのように、ある程度複雑で情報量も多いものをわかりやすく図示するときには強みを発揮しますが、プレゼンの目的はその種のものばかりとは限りません。たとえば、研ぎ澄ましたコンセプトを強烈に印象づけたい場合や、細かい話は抜きにして漠然と共感・好感を覚えてくれればよいという場合もあるでしょう。そんなときは、それに合った手段も検討してみましょう。

①画像・動画で視覚に訴える

　105ページで、スライドのボディに安易に画像を使うと、そのスライドで言いたい本来のメッセージとは別の印象を与えてしまうので要注意という話をしました。これは、決して画像は使ってはいけないという意味ではありません。ストーリー上のメッセージと画像が与える印象とのブレが問題なのであって、画像の醸し出す印象がストーリー上のメッセージに沿っているのであれば、積極的に使うべきとも言えます。最近では、プレゼン中に手軽な動作で動画を再生するのも容易

になってきています。78ページの失敗例5で出てきた田辺さんも、あの例でこそ聴き手の属性を読み違えてしまいましたが、普段からCMの素材を導入に使っていたわけです。印象に残る度合いという意味では、画像や動画の力は強いです。目的に沿う素材があるのならば、ぜひ使ってみましょう。

②実物を出して、驚きと臨場感を出す

　聴き手の印象に残る効果という面で画像・動画以上とも言えるのが、実物を出すことです。パソコンから動画が再生されるのは聴き手としても想定内ですが、話し手が実物を取り出すことには「ここで出てくるのか！」という驚きが伴うからです。故スティーブ・ジョブズ氏が新商品発表会で、iPod nano をジーンズのコインポケットから取り出したり、Macbook Air を書類封筒から取り出したりといったシーンを見たことがある人も多いのではないでしょうか。

　目的は、聴き手を驚かす（オッと思わせる）ところにありますので、プロジェクタの投影と思わせておいて、手書きの図や絵を描いた紙を出すなどもこの類いの仕掛けと言えます。

③ BGMで場の空気を作り出す

　プレゼンの最中に流すという場面は滅多にありませんが、不特定多数を対象としたセミナーなどで、プレゼンが始まる前や終了後、休憩中などに BGM を流すことはしばしばあります。139ページでも述べますが、場の空気を作る効果を狙ってのことです。

● プレゼンを補助する機材

　積極的に印象に残そうとする仕掛けとは別に、プレゼンを円滑に行うための機材や道具についても主なものに触れておきます。

①マイク
　会場の広さや自分の地声との兼ね合いとなりますが、マイクを使うかどうかの判断がまず必要です。もし使うときはたとえばハウリングなどが起きないよう、調子を事前に確認しておいた方がよいでしょう。手を使ったジェスチャーを頻繁にやりたいのであれば、手持ちのマイクではなく、ピンマイクかヘッドセットを検討する必要もあります。その場合は、実際に話してみて声が拾われるかどうか、プレゼンの間じゅう本当に手が自由に動かせるかどうか、確認しておきましょう。

②ホワイトボードマーカー
　プレゼン内で使う場合は、インク切れ、かすれがないか事前に確認しておくのはもちろんですが、赤や黄色などは光の反射の具合などで聴き手側から見にくくなる可能性もあるので、注意が必要です。

③レーザーポインター
　スクリーンと話し手の立ち位置の間の距離が遠いときでも、レーザーの光によってスクリーンに映った文字等を指し示すことができるという機械です。もちろんこの目的で使う分には便利なのですが、ときおり、スクリーンがそれほど離れていない場合や、会場が明るくてレーザーの光が見えにくい場合などでも使っているところを見かけます。これではあまり効果的とは言えません。使う必要性があるかどうか見極めが大切です。なお、仕組みはシンプルな機械ですが、手元が揺れると光も揺れて、どこを指しているのかわかりにくくなったりしますので、スマートに使いこなせるよう練習しておきましょう。

④パワーポイント用リモコン
　パワーポイントのスライドショーで、ページ送りやアニメを動かす合図などを、パソコンから離れて操作するためのリモコンです。従来は、スライドショーを行うとすると、誰かがパソコンについてキーを

第4章　スライド作りと演出を考える —— 115

押す作業をしなければならず、話し手自身がその都度パソコン前に立つか、アシスタントを置くにしてもその都度合図を送るなどしていました。リモコンのおかげで、話し手が一人で自由に聴き手の前を歩いたり、ジェスチャーをしたりしながら、スライドショーの操作をすることが可能になりました。会場の様子や、想定しているプレゼン中の動きとの兼ね合いですが、使用を検討しておきたいアイテムです。

④
❷

第4章のまとめ

スライド作りは、メッセージとストーリーラインからはみ出さないことが重要

- 「一枚のスライドに一つのメッセージ」を原則とする
- 一枚のスライドの中でも、「メッセージ」とスライド内に書く情報との整合性に配慮する
- (スクリーンに投影しながらプレゼンする場合)距離を置いたところから見たときの、瞬間的な見やすさを重視する
- メッセージに貢献しない余計な情報や飾りを省くことも意識する

「印象をより強く残せるか」「メッセージを乱す余計な動きを削れないか」の観点から、スライド以外の道具も検討する

- 画像、動画、実物は、目的に沿う範囲ならば、積極的に検討すべき
- マイクやリモコンは、話し手の負荷(余計な動き)を軽減できる
- マイクの不調や、マーカーのインク切れ、レーザーポインターの揺れなど、道具を使ってかえってみっともないことにならないよう注意

CHAPTER 5

練習・リハーサルの
やり方とチェックポイント

STORY

もう一度ビデオを見ながら、立ち居振る舞いに注意する

　ついに突破口を見出した小菅たちのチームは、その後も議論を重ね、聴き手は誰かを意識して、彼らの関心を引き付ける工夫を凝らしたプレゼン原稿を完成させた。「若者でもカジュアルに日本文化に触れられたら面白い」「そんなイベントが街で目立てば、外国人観光客も顧客に」という、新しいスタイルの提案を冒頭から前面に出し、社外のステークホルダーも巻き込みつついかに"尖った"運動を展開できそうかの説明を次に続けた。開設するサイトの仕様やビジネスプランに関する数値の説明は、思い切って比重を小さくし、最後の方にざっと触れる程度に留めた。

　いよいよ本番を明日に控え、改めてリハーサルをやってみた。今度も、営業部から借りたビデオを回しながらだ。録画したものを、また時間を作ってくれた寺岡に見せてみた。
　「アドバイスありがとうございました。いかがでしょう。かなり構成を変えてみたんですけど」

「いいね、すごくストーリーっぽくなったじゃないか。これは面白いよ」
「よかったあ」
「あとは、立ち居振る舞いだな。和田君、何か気付くことない？」
「え、私からですか？　そうですね……、視線がスクリーンの方を向いている時間が長いかな」
「うん、僕もそこが真っ先に気になったな」
「なるほど、確かに聴き手の席から見て体が斜めになっちゃってますね」
「あと……、ほらこのとき、スクリーンを手で指すんだけど、ちょっと雑だね。どこを指してるんだか、よくわからない。手先というのは、結構注目を集めるものなんだ。指先を揃えて、指すべきところでピシッと止めるといいよ」
「ああ、ほんとだ。こうしてみると、まだまだ直すべきところはいろいろ出てきますね」
「それだけ、余裕ができて細部に注意が行くようになった証拠とも言えるよ。自分で気が付いたところはある？」
「何か話し始めるときに、特に必然性は無いのに『ハイ』って言ってから話し始めていますね。こんな口グセあったんだな、と思いました」
「そうだね。聴き手にとっては、話し手のクセは気になりだすとつい気になってしまうものだ」
「クセというほどでもないけど、下を向くたびに、サイドの髪が垂れて顔にかかるので何度もかき上げて耳にかけていますね。これも気になりますか？」
「あまりしばしばだと、やはり印象はよくないね。というより、たびたび下を向かざるを得ないのはどうしてかというと？」
「スライドのページを送るのに、手元のパソコンを操作するからです。パソコンを載せてる机が少し低くて、どうしても前かがみになるんです」

「本番の会場は、どうなっていたっけ」
「あ、そうだ。スピーチ用の、もう少し立派な演台があったわ。それに、プレゼンターが自分自身でパソコンを操作するんじゃなくて、アシスタントがついてその人が操作するというチームも結構あった気がする」
「今の話は重要なポイントだ。僕など最近では、パソコンを操作するにはリモコンを使っているよ。リハーサルをやるにしても、本番の環境はどうかというのを常に念頭に置いて準備する必要がある。できれば、本番の場所でやるのが一番いいんだが」
「あと一つ、僕から最後に挙げるならば、アイコンタクトかな。表情を見ていると、顔がこちらを向いているときでも、視線の焦点が合っていない感じがする。きちんと誰か特定の人の顔に焦点を当てながら、少しずつずらしていくという形にするといいよ」
「うわ、見抜かれましたね。原稿を思い出し思い出ししながら話していたので、視線には配慮できなかったんですよ。細かいことでも、実は外見にあらわれるものなんですね」
「そう、だからこそ練習は重要なんだ」

プレゼンでの一般的チェックポイント

● 立ち居振る舞いはここをチェック

　本節では、「実施」時に聴き手の心証をよくするためのポイントを記します。それらは大きく「立ち居振る舞い」と「話し方」に分けることができます。まずは「立ち居振る舞い」について、以下の5点に分けてチェックポイントを解説していきます。

①アイコンタクト　　……聴き手への向き合い方
②姿勢　　　　　　　……立ち姿や着席時の安定感、身体の向きなど
③動作・ジェスチャー……手の使い方や、立ち方・歩き方、立つ場所など
④表情　　　　　　　……目や口の動かし方など
⑤服装と身だしなみ　……服装の選択など

①アイコンタクト

　まず、大切なのはアイコンタクト、つまり聴き手の目を見て語りかけることです。聴き手の目を見て語りかけることで聴き手は「自分に対して話しかけられている」と思い、真剣に聞く度合いが増し、内容が印象に残りやすくなるのです。
　アイコンタクトは、一人あたり2秒から3秒がおよその目安です。スクリーンを見てスライドを読み上げるようなことは極力避けた方が

よいでしょう。

聴衆が十数名以上のときは、まんべんなくアイコンタクトをすることも心掛けましょう。コツは会場にZやW、Mの字を描きながら視線を移していくことです。こうすることで、聴衆全体をくまなく見ることができます。

②姿勢

ここでは話し手が立っていて、聴き手は座っているという場合を想定して、ポイントを挙げておきます。

背筋を伸ばす

背筋はきちんと伸ばして、話をしましょう。猫背だと、自信がなさそうだったり、暗い性格のように見えてしまう可能性があります。逆に胸を張りすぎると、尊大な印象を与えてしまう恐れがあります。天井から頭の頂点を糸で吊られているイメージを持って、真っ直ぐにすっと立つのがオススメです。

上半身を前後左右に揺らさない

立って話をしている際、上半身が前後左右に揺れてしまう人が時折います。聴き手からすると、落ち着きがないように見え、話し手への信頼や安心感が損なわれてしまう可能性が生じます。

その場合、上半身が揺れないよう、体の軸を意識します。コツとしては前述の通り「天井からの糸」を意識できるとよいでしょう。

両足でしっかりと立つ

左右の足に均等に体重をかけて立つことも大切です。片足だけに体重が乗り、もう一方の足は膝が少し折れている、いわゆる「休め」の姿勢は、聴き手に対してだらしない印象を与えてしまう恐れがあります。また、「休め」の姿勢はともすると、あるときは右足に体重、しばらくしたら左足に……というようにグラグラ動き、結果として前述

の「上半身の揺れ」につながってしまいます。両足の幅は肩幅と同じか少し広い程度に開き、左右の足に均等に体重をかけて立つとよいでしょう。

③動作・ジェスチャー

身体全体の使い方にも注意を払いたいものです。ポイントは「ゆっくりと大きく動き、堂々と振る舞う」ことです。以下詳細を見ていきます。

動く／動かないをはっきりと意識する

「動くときは動く」「動かないときは動かない」のメリハリをつけることができるとよいでしょう。これは主に上半身のみならず、歩き方、立ち方など下半身の動きを伴うものもあわせ、全てに共通して言えることです。話し手がちょこまかと動いていると、聴き手は話に集中しにくくなってしまいます。また、自信がなさそうに見えてしまうのもメリハリをつけずに動くことの弊害です。

歩くときはゆっくりと大きく歩く

会場内を動くときは、ゆっくり大きく動くとよいでしょう。ゆっくり大きく動くと、話し手が自信を持っているように見えます。また、話し手自身が内心で焦っているときには、心を落ち着けるきっかけとすることもできます。

グローバル環境では２～３倍の動作・ジェスチャーで

聴き手の大半が日本人以外など、グローバル環境でプレゼンをする際には、動作・ジェスチャーに一層気を使いましょう。特に、日本人向けにプレゼンをするよりも、２～３倍増しの感覚でちょうどよいくらいです。聴き手は話し手のメリハリのきいた動作・ジェスチャーをより評価し、そこに話し手への情熱を感じたり、信頼を感じたりすることがあるからです。これは後述する表情についても同じです。

第5章　練習・リハーサルのやり方とチェックポイント

字を書くときは、聴衆全員から見える十分な大きさで

　プレゼンをしながら、ホワイトボードに字を書いて説明するときもあるでしょう。このときは、字の大きさは聴衆全員から見える大きさで書くことを心がてください。自分が日ごろ書いている字の大きさだと、最後尾の人からは小さくて見にくいことがあります。十分に大きい字を書くコツは「ゆっくり書く」ことです。慌てずにペンをゆっくり走らせると、字の大きさをコントロールしやすくなります。

手で何かを指すときは、指先まで神経を使って

　ホワイトボードに書いた字や、スライドを投影したスクリーンなど、何かを手で指すこともあるかと思います。そのときは、指先まで神経を使い、揃えた指先で対象物をしっかりと指すようにしましょう。

④表情

　聴き手の人数によらず、一人ひとりに対して言葉だけではなく表情でも語りかけることも大切です。そのポイントは次の通りです。

想いは表情から溢れているか？

　メッセージにあわせて表情にも変化をつけることが大切です。たとえば、新たなチャレンジを伴う年間方針をメンバーに伝える際には、真剣な表情に笑顔を多く交える、逆にトラブルが発生しているときには厳粛な表情を保つ、といった具合です。そのためには、自分で「悲しい顔をしているつもり」のとき、ちゃんとそれらしく見えるのか、他の感情ではどうか、を把握しておくとよいでしょう。

質疑応答時にも油断をしていないか？

　質疑応答の際にも、表情を意識しましょう。ありがちなのは、相手から質問が寄せられている際に、痛い所を突かれたくないとばかりに表情が硬くなってしまうことです。すると、そのギャップに聴衆は

「先ほどの笑顔は演技だったのか？」と興ざめしてしまうことになるのです。

　基本は、笑顔を見せながら相手の話をうなずきながら聞けるとよいでしょう。また、真剣な表情で相手の目を見ながら聞くのもよいことです。これは特に深刻な質問などを寄せられた際に有効です。ぜひ、質疑応答の際にも表情に気を配れるようになってください。

⑤服装と身だしなみ

　プレゼンの際は、口調や身体の使い方はもちろんですが、服装や身だしなみについても注意を払う必要があります。このようなアピアランス（容姿や外見）を重点的に解説した書籍やセミナーなども最近は増えています。詳細はそうした書籍等に譲りますが、基本的な考え方を以下に紹介しておきます。ポイントは「聴き手、メッセージ、自分のキャラクターと調和する身だしなみ」をすることです。

相手の環境に配慮する

　身だしなみで大切なことは、まずマイナス点をもらわないことです。その際、特に相手が日ごろ過ごしている環境や社風から大きくかい離した、奇抜な服装・身だしなみをすることは避けましょう。たとえば、保守的な社風の会社にあまりにラフな服装で行くなどです。第一印象で「なぜこの服を選んだのか」ということに相手が気を取られ過ぎてしまい、信頼関係を築きにくくなる可能性があります。また、シャツが裾から出ていたり、襟が立っていたりしないかなど、基本的な身だしなみに留意することは言うまでもありません。プレゼンの直前には鏡で服装をチェックしておくとよいでしょう。

　もちろん、こうしたことはプレゼンテーションの内容によってリカバリーすることも可能です。ただ、まずは相手の環境への配慮を怠った結果、余計な失点をしないことを心がけましょう。

第5章　練習・リハーサルのやり方とチェックポイント ── 127

メッセージと調和する身だしなみをする

　メッセージと調和する身だしなみをすることも大切です。たとえば、若々しさやエネルギッシュなメッセージを出すときには、カジュアルな服装をしたり、明るい色を身にまとうなどの工夫をすることです。

自分のキャラクターと合わせる

　最後に大切なのが、自分が日頃振る舞っている姿や社会的立場からかい離しすぎないことです。プレゼンをしていると、自ずと話し手の人となりが垣間見えるときがあります。そうしたとき、服装や身だしなみがあまりにも話し手のキャラクターと異なると、これまでの内容自体にも信頼性が損なわれてしまう可能性があります。自分自身のキャラクターと合った服装をすることもぜひ心がけてください。

● 話し方のチェックポイント

　「立ち居振る舞い」に比べれば聴き手の印象に与えるインパクトは小さいとはいえ、話し方も決しておろそかにはできません。以下にポイントを説明していきます。

なるべくクリアに発音する

　発音をごまかさずに、一音一音をはっきりクリアに話すことを心がけたいものです。言葉を鮮明に話すことは、聴き手の理解を促すのみならず、話し手の自信や明るく社交的な印象を与えることにつながります。クリアに話すことが苦手な場合は、口を大きくあけ、ゆっくりでもよいので、一音一音を意識して話すことから心がけるとよいでしょう。

語尾までしっかり全員に聞こえる大きさの声を出す（ボリューム）

　次に大切なのが、声の大きさです。基本は聴き手全員に聞こえるぐらいまで大きな声を出すことが大切です。ときおり、語尾の音量が小さくなってしまう方を見かけますが、語尾までしっかりと大きな声で話すと自信が伝わり、説得力も増しやすくなります。

緩急をつける（スピード）

　言葉のクリアさ、声の大きさに加え、話すスピードにも注意を向けましょう。まず、速く話し過ぎたり、ゆっくりと話し過ぎたりすることは避けてください。目安としては１分間に300文字程度と言われています。適切なスピードを直接確認したい場合は、テレビのアナウンサーなど「聞きやすい」と思う人が話した後に、同じスピードで話してみましょう。これまで自分が普通に話したときのスピードより「もっとゆっくり話した方がよいのか、速く話した方がいのか」が感覚としてつかみやすくなります。

　なお、強調したいときは、スピードを落として話すことがオススメです。ゆっくり話すことで、聴き手はより理解をしやすくなるからです。

抑揚をつける（トーン）

　緩急の変換に加え、抑揚もつけられるとよいでしょう。つまり、音の調子を強くしたり弱くしたりすることです。たとえば、ポジティブな話をする際は大きく高く明るい声を出したり、ネガティブな話をする際は小さく低く暗い声を出したりします。こうすることで、メッセージをより印象的に届けやすくなるのです。また、プレゼンが単調になりにくく、聴き手の集中力も維持しやすくなります。

間を意識して取る

　一文と一文の間に、一拍程度の「間」を空けるのも大切です。これは特に強調して伝えたいときに有効です。大事なことを話す前に一拍

置くと、聴き手は「これまでと調子が違うぞ？　なんだろう？」と感じ、注意を引き付けやすくなります。また、大事なことを話した後に間を置くと、聴き手が話の内容をしっかりと理解する時間を作ることができ、印象に残りやすくなるのです。ぜひ「間」も意識しながら話をしてみましょう。

ひげ言葉を抑える

　ひげ言葉とは「え～」「あの～」などの言葉を指します。ひげ言葉のような余計な言葉が多いと聴き手の集中力が落ちやすくなり、聴き手に話の内容を理解してもらうことの妨げになります。

　ひげ言葉は、次に話す内容を考えていると出やすいものです。プレゼンにおいては、きちんと事前に原稿を考えておくこと、またリハーサルを重ねることにより乗り越えられるでしょう。つまり、話す内容を自分にしみこませておけば、話す内容を考える機会が減り、ひげ言葉も少なくなるというわけです。

● 日ごろからの行いがパワーとなる

　ここまで、当日の実演において一般的に気を付けるべき点を解説してきました。これらの点の多くは「スキル」であって、しっかり練習をすればそれだけ洗練され、上手に行えるようになる性質のものです。さらに付け足すこととして、これら実演スキルを上げていくための普段からの心構えに触れます。

　まず押さえておきたいのが、自分のチャームポイントは何か、という点です。

　人の心理的傾向として重要なものに「ハロー効果」があります。人間は、ある対象を評価するときに、その対象の何か目立つ特徴に引きずられて、他の要素も評価してしまいがちだというものです。好感度

の高いタレントが身につけている物や行った店などが、必ずしもそのタレントが本当に選んでいるわけではないのに、一緒に写っているというだけで魅力的に見えてくることが、その一例です。

　ハロー効果というと、タレントや政治家が例に出てくることが多いせいでしょうか、効果自体は知っている人でも、自分や周囲の人の日常的な印象形成にまで当てはめて意識している人は、それほど多くないようです。意識したとしても、「勝負と思ったプレゼンには赤いネクタイをする」というように、表層的な外見の印象をどうするか、という話に留まってしまったりします。

　もちろん、「赤いネクタイ」式に外見を飾ることが与える効果も、無視することはできません。本章でも、プレゼン中のしぐさや立ち居振る舞いについて解説してきました。これはこれで、一つの立派なテーマです。ただ、一方で意識しておきたいのは、自分のチャームポイントを意識する際に、単に外見的な特徴だけに縛られず、内面をうかがわせる印象も視野に入れて探してみようということです。たとえば「まじめそう」「優しそう」といった性格面や、「ジョークが面白い」「流暢にしゃべれて聞きやすい」といった一見しただけではわからない行動面の特徴、「〇〇に詳しい」「△△の経験がある」といった経歴や特技に属する事柄なども、プレゼンにおいてはチャームポイントになりえます。

　それでは、どのようにして自分のチャームポイントを知るのでしょうか。これは、普段の自分の行動や心象をありのままに振り返るとともに、周囲のさまざまな人からフィードバックを得ることが、シンプルながら効果的でしょう。性格診断テストや「ストレングス・ファインダー」のような自己理解を深めるためのアセスメント・ツールも、特に性格面での強みを知るのに相応の意味はあると思いますが、日頃の振る舞いが周囲に与えている印象などはカバーできないのが短所です。

　注意が必要なのは、自分で内心どんなに長所だと思っていても、周

第5章　練習・リハーサルのやり方とチェックポイント ── 131

囲の人からはそう見えない場合もあるということです。逆に、周囲の人は長所だと言ってくれた点が自分としては気乗りしないという場合もあるかもしれません。一般的には、プレゼンの印象は何と言っても受け手が決めるわけですから、周囲の人の意見を尊重する方がよいでしょう。ただ、フィードバックをしてくれた人の目が常に一般的な受け手の代表として適切とは限りませんし、周囲の評価にどうしても抵抗がある場合もあるかもしれません。絶対視する必要はありませんが、原則はフィードバック優先、くらいがよいでしょう。

　自分のチャームポイントを把握したら、あとはそれをいかに効果的に見せていくか、いわゆる「自己プロデュース」の感覚を持つことが重要です。これは、普段の行いのレベルから意識する必要があります。スピーチをしている瞬間だけ取り繕って、普段やっていない自分を出すというのでは、いずれ見透かされてしまいます。初対面の人々を相手にプレゼンをするのならば、普段の言動は関係ないではないかと思うかもしれませんが、普段とは全く性格の違う自分を演じるのは難しいですし、よほど緻密に演出効果を考えないと白々しさが勝ってしまいます。仮に初回は上手く行ったとしても、その相手とその一回きりの付き合いというケースは、ビジネスの場合あまり多くないでしょう。継続的な関係の中で、やはり素の自分というものは、徐々に相手にも透けて見えるものです。普段の自分がベースにあって、それを増幅する方向で見せるようにすべきです。

　自己プロデュースの際に留意すべき点として、チャームポイントを効果的に見せるという点と同時に、「これを犯すと印象が致命的に悪くなる」点を無くすことがあります。しぐさや身だしなみといった見た目の印象だけでなく、たとえば傲慢さを感じさせる表現や、差別意識を感じさせる表現なども含まれます。

　普段の言動に意識を配って自己プロデュースする、というと、「そこまでするのは息苦しい」という感想を持つ人もいるかもしれません。しかし、ビジネスの世界では多かれ少なかれ、普段の言動も周囲

の人の評価の対象になるという側面は否めません。何も全ての面で完璧な優等生にならないといけないわけではありません。リーダーを目指そうという気概のある人ならば、自分の影響力を高めるために、自分がどういう点で評価されたいかをよく省みたうえで、周囲からの見え方には意を用いていきたいものです。

なるべく多く"打席"に立つ

　聴き手にポジティブな印象を感じてもらうための、もう一つのアプローチは、そのプレゼンの前になるべく自分のことを知っておいてもらうことです。

　一般に、聴き手がもともとポジティブな印象を抱いている人の意見は、ポジティブに聞くことができます。こう書くと、「何を当たり前のことを言っているんだ」と感じられるでしょうか。

　しかし、上で述べたことを展開すれば、こんなことが言えます。すなわち、聴き手にとって好印象を持たれている人のプレゼンと、聴き手にとって何の予備知識もなく意識もしていなかった人のプレゼンとでは、仮に同じ程度の巧みさのプレゼンをしたとして、前者の方が反応がよいということです。とすれば、自分のプレゼンに対してなるべくよい反応を得る確率を高めようと思ったら、なるべく「プレゼン前の時点で」聴き手から好印象を持たれるように心がけるのは一つの有力な方策、となります。本書をここまで読まれてプレゼンを行う際の「定石」を学ばれた方には、この結論は結構なインパクトがあるのではないでしょうか。

　もちろん、プレゼンの状況として、どうしてもそのときが聴き手と初対面にならざるを得ない場合もあることでしょう。ただし、ビジネスシーンで経験するプレゼンやスピーチは、そうした「初対面」パ

ターンばかりでしょうか。社内のプレゼンにしても、営業のプレゼンにしても、ある程度すでに見知った人を相手に話す（聴衆の中の何割かは見知った人である）という場合は少なくないと思います。

　したがって、日ごろから周囲の中でポジティブな印象を残す行動をしておくことは有効なのです。これは、挨拶や声かけといった日常的な行動でもある程度有効ですが、プレゼンとの関連が強ければなおよいでしょう。つまり、「人前で何らかの意見を表明したり、何か提案や呼びかけをしたりしている自分」という実績を残すことです。
　プレゼンやスピーチの機会があればなるべく挑戦するとよいでしょう。ただし、プレゼンの機会がそうは多くない職場もあるでしょうし、立候補したからといってプレゼン役ができるという状況でもないかもしれません。そんなときは、会議やメールなどで意見を発表するのもよいでしょう。ＳＮＳやツイッターなどを通じて日頃から気軽に自分の意見を発信できる手段も、最近は増えてきています。
　これらの行動は当然ながら、周囲の心象を変えるだけでなく、自分の実演スキル、発信スキルを上げるという意味でも効果があります。本節で挙げた話し方や振る舞いのスキルを上げるには、実は「場馴れ」という面が大きいのです。
　さらに、日ごろから機会をつかんで発信しようという意識を持つようになると、自分がプレゼンの聴き手になったときの見方が変わってきます。つまり、上手なプレゼンや不出来なプレゼンに対して、それぞれ「どこがどう上手いのか」「どこがどうまずいのか」「自分だったらどうやるか」という視点で見るようになります。こうして他者のプレゼンを常に参考にしていくことが、回り回って自分のプレゼンスキルを高める助けになります。

　しかしながら、プレゼンにおいて誰が話すのが最も効果的か、という視点も重要です。明らかに他の人の方が適任な場面を横取りするなど、ただの出しゃばりと見なされてしまうようなネガティブな反応を

増やしては逆効果です。周囲の反応はその都度うかがっていく必要があります。しかし、ネガティブな反応を恐れるばかりに行動しないというのも、機会損失が積み重なるばかりです。信頼できて率直にフィードバックをくれる関係の人を作り、ネガティブな印象を拡大してしまう危険に備えつつ、積極的に「打席に立つ」機会を増やしていきましょう。

CHAPTER ⑤　SECTION ❷

状況に合わせた演出の
テクニック

聴き手の心理状態に合わせて行動を変える

　前節では、一般的な実演上のスキルについてまとめました。これに加えて、場面場面の状況に応じて「こう対応すべき」といういくつかのセオリーについてご紹介します。
　実際に話す場面では「準備のステップ」で意識した以上に、聴き手の様子を目で見、肌で感じて、気を配るようにしたいものです。そのためには、聴き手の表情の変化やちょっとした仕草などから、理解度合いや集中力の変化などをつかみ、それに応じた対応を取れるようになることが重要です。

①聴き手の反応を常に感知しようとする

　まず、「聴き手の心理状態に合わせて行動を変える」ための前提として、プレゼンの間じゅう、移ろう聴き手の心理状態を感知していないといけません。
　では、聴き手のどこに着目すれば、心理状態がうかがえるでしょうか。
　主な手がかりは、表情です。聴き手が興味を持って前向きに聞いているか、怪訝そうな顔をしているか、意識してみましょう。
　また、資料を配布して行う場合は、聴き手の手元にも着目してみましょう。たとえば、現在説明している内容の少し前の内容に対して聴

き手がメモらしきものを書いていたり、その逆に、話し手が説明をしている個所やページよりも先の方を見ていたりといったことから、聴き手の集中度を推測することができます。

　このように、話している最中に同時並行で聴き手の反応に着目するのは、慣れないうちはとても難しく感じるかもしれません。「ここでは何を話すんだっけ？」と、自分がこれから話す内容で頭がいっぱいになってしまうからです。言いかえれば、聴き手の反応を常にフォローするためには、それだけの余裕が必要だということです。つまり、人前に立つことへの慣れや話す内容の（ある程度の）暗記がカギで、後述しますがリハーサルを含めた練習が重要だとよく言われるのは、ここに理由があるのです。

②聴き手が理解／納得していないような場合
　さて、聴き手が頷いているような場合は自信を持って進めればよいですが、問題はどうも話を理解／納得していないなと感じられた場合ですね。この場合は原則として、当初の原稿より優先して、素早く対処の行動を取るべきです。

　たとえば、怪訝そうな顔をしているのであれば、区切りのよいところまで説明をした後、「ここまでのところでご不明な点はありますか？」と尋ね、「○○については……ということです」といった具合に補足の説明を加えるイメージです。

　まずは、一言尋ねてみることで、「私はあなたが話についてきているかどうか、気にしていますよ」というメッセージを暗に送ることになります。これだけでも、聞き手からの信頼感を得る助けとなります。ただ、それだけでは解消できないようであれば、少々アドリブでもよいので、説明の力点や比重を当初の予定から変えて、補足説明をしていくことになります。

　これらの対応をするときに大切なのは「焦らない」ことです。聴き手が怪訝そうな顔していると、話し手としてはつい焦ってしまい、補

⑤
❷

第5章　練習・リハーサルのやり方とチェックポイント ── 137

足説明をしようとしても早口になったり、かえって脇道にそれたりして結果的に聴き手をさらに迷わせてしまう可能性があります。もし、とっさに適切な補足説明が思い浮かばなければ、たとえば「一旦、区切りのよいところまで説明をします」などと見通しを伝えたうえで、その場は予定通りの説明をして、後の方でまとめて質疑の時間をとって対応する、といった手もあります。

ただし、ここでは第2章で触れた「本当の聴き手が誰か」によって対応が変わってきます。何人も聴き手がいる中で、ついてきていないのは「本当の聴き手」では無い場合（「本当の聴き手」は問題なく聴いてくれている場合）は、あえて特段のアクションを取らずにそのまま進める方がよいでしょう。

③聴き手が飽きてきている場合

怪訝な顔とまでは行かなくとも、なんとなく反応が薄かったり、手元資料の別のページを読んでいたりという場合もありますね。昼食直後の時間帯などは、どうしても全体的に眠気が漂ってしまうこともあります。

このように、聴き手が飽きてきているように感じられた場合は、あえて「空気をかき回す」仕掛けがよいでしょう。

変化をつける要素はさまざまで、

・声のメリハリ
・立つ位置（立って行う場合に、それまで前方中央に立っていたのを、右端や左端に寄ってみたり、ときには聴き手の席の間に入っていったりする）
・ボディランゲージ

などがあります。

また、問いかけを交えるのもよいでしょう。「ここで、皆さんに聞

いてみましょう。〇〇に賛成の方、どのくらいいらっしゃいますか?」と、わざと挙手させるなど、聴き手に何らかの動作をさせるのも一つの手です。

流れに応じた演出を行う

　前項は、聴き手の当日の様子に応じてこちらの出方を変えるという、いわば受け身の対応についてでした。それとは別に、こちらから能動的に聴き手を誘導するような言動も頭に入れておきましょう。
　これも広い意味では「準備」と言えなくもないですが、メッセージやストーリーラインとは次元の違う、しぐさや話し方レベルの演出であることや、後述するように100%事前に計画できるわけでもなく、当日の臨機応変な動きも要することから、この実演の章で紹介することとします。

①序盤で「場の空気」を作る
　プレゼン序盤では、「聴き手の意識をこういう状態にしたい」というゴールを以下の二段階に分けて考えていきます。
・プレゼン前の場の空気が合わなければ、いったんリセットする
・聴き手が「今この場は話を聞くべきだ」と感じるような空気を作る

　プレゼン前の場の空気は、意外に影響があるものです。始まる前からこちらに適度に関心を持ってくれている状況であればよいですが、問題なのはこれから話す内容と合わない場合です。たとえば、これからシリアスなプレゼンをする予定なのに、私語でざわついていたり、聴き手が席についていなくて落ち着かなかったりといった状況です。逆に、これから面白い話をしようというときに、水を打ったような静けさというのも困りますね。したがって、プレゼン前の場の空気がこ

れから話そうとする内容と合わないときは、まずはそれを切り替えるための行動が必要となります。

　次に大切なのが、「聴き手が話を"聞くべきと思う"場を作る」ことです。上手く聴き手の注意を引き付けても、「聞くに足らない」と感じさせてしまっては、その後どんなによい内容を用意していたとしても、聴き手には届きにくくなります。一番大切なメッセージを理解するための前提が聞き逃されたりするからです。

　もしあえて空気を変える必要があるときには、次の二つを押さえておきましょう。
　・少し大げさな発声・動作を意識する
　・こちらが話をリードするという態度を見せる

⑤
❷
　前者については、特に冒頭数分だけでも意識して、声の張りや音量を少し大きめに、動作も大げさなくらいキビキビとしてみましょう。言葉づかいも、意識して一文を短くし、テンポよく言い切りを重ねていくことで勢いが出てきます。その際は、語尾まで明瞭に発声することも大切です。
　後者については、聴き手の立場との関係には注意しつつ、さりげなく話し手が聴き手と対等ないしやや上位に来るような口調を意識してみましょう。具体的には、謙譲語の使い過ぎは、聴き手の方が心理的に上位に来やすくなるので要注意です。第3章第2節でも述べましたが、自分の専門性をアピールするような話題を挟むのも、効果的でしょう。他にも、たとえば「携帯をマナーモードに」や「資料は後で回収します」といった細かい場のルールがあるとき、あえて冒頭に口頭でビシッと伝えるのは、場の空気をこちら側に持ってくるという効果も期待できます。

②ストーリーに合わせて、テンポ、トーンを変える

　プレゼン中盤では、第3章で設計したストーリーの出来が重要ですが、実演面でもストーリーの起伏に合わせて、メリハリをつけるという点は強調しておきたいところです。

　具体的には、重要なところでは声を一段張る（ただし、変化球として重要なところでわざと重々しく低い声で語るという手もあります）、ジェスチャーも大きめに、といった点が挙げられます。

　このように話題ごとに強弱のメリハリをつけようとすると、時間管理が重要になってきます。原稿を作った段階では同じくらいの文章量だとしても、強調のためにゆっくりとタメを入れ、かつ聴き手の反応を確かめながら話すのと、さほど重要ではないところでサクサクと話すのとでは、かかる時間に意外に差がつくものです。結果として当初予定の時間を大幅にオーバーしてしまっては聴き手に配慮しているとはいえません。

　これを防ぐために、事前にタイムラインを作成して何にどの程度時間を使って話すのかを決めるとともに、次節で触れますがリハーサルを通じて、実際に話すとどのくらいの時間がかかるのか、確認しておきましょう。

　また、スライドを用いて説明をする際には、それぞれの話題のタイミングと、スライドを映すタイミングを揃えることも重要です。ときおり、話は先に進んでいるのに、スクリーン上にはもう終わった話題のスライドが出たまま、というプレゼンを見かけます。致命的にまずいというほどではないですが、聴き手の集中を削ぐ行為ではあると言えます。さらに細かいところですが、スライドの中でアニメーションを使ってあるフレーズが浮かび上がってくるといった仕掛けをするときも、しゃべりと文字の動きのタイミングを合わせると印象がよいでしょう。

③締めくくりでは次につながるような余韻を残す

　締めくくりで大切なのは、第3章第1節で定めた、ここでの目的に照らして聴き手に最も受け取ってもらいたいメッセージを強く認識してもらうことです。そして、聴き手にプレゼン終了後になってもらいたい状態まで導き、さらには次の段階につながるよう、余韻を残して場を締めることです。具体的には、ポジティブな将来像を語るときには明るく元気よく、難しい依頼事項を語るときには真摯に丁重に、と目的に沿う雰囲気を作るようにします。なお、時間を割いてくれた聴き手に感謝の気持ちを表すことは、内容を問わず重要です。

　その他、締めくくりのパートによくあることとしては、質疑応答の時間があります。ここにも実は、質疑応答の前でいったん締め、質問のある人だけがその後残って聞いていくパターンか、質疑応答も全員に聴いてもらい、質疑応答を終わらせてから全体の締めというパターンがあります。目的や与えられた時間の条件、想定される聴き手が抱きそうな疑問に合わせて、選択できることは念頭に置いておきましょう。

　実際に質問に応対する際には、まず質問は最後まで聞き、途中で遮ってはいけません。また、質問の真意をつかむことを意識しましょう。単に相手の質問を言葉どおり解釈して答えるだけでは、聴き手の本当の疑問に答えているとは限らないときがあります。聴き手は、なぜそのような質問をしてきているのかを考えることが大切です。

　特に、質疑応答も聴き手全員が参加している場合では、寄せられた質問を自分の言葉に直して復唱するとよいでしょう。「今、こちらの方から『○○については××なのではないか』という質問がありましたが……」という具合です。質問の意図を確かめるためだけでなく、質問した相手に丁寧に対応をしている印象を他の聴き手に与えるという効果もあります。

　そして、プレゼンが終わった後も、自分の後片付けなどにあまり没

頭せず、解散していく聴き手の表情やしぐさ、つぶやきなどを観察し、元々のプレゼンの目的に沿った行動を取ってくれそうか推測しましょう。それによって、次に取るべき行動が決まってきます。

　一例としては、プレゼンテーション後日のフォローアップは重要です。お礼の連絡はもちろん、話し手側が受けた宿題にも迅速に対応し、「やり残しがあるのは、聴き手側だけ」という状況を作り出しておくのもよいでしょう。

こんなことが起こったら……

　頻度こそ多くはないでしょうが、「不測の事態」が起こることもあります。もしそうなったときプレゼンが思い描いた通りに行かなくなることは、ある程度はやむを得ないのですが、悪影響を最小限に食い止めるノウハウはあります。そのいくつかをご紹介しましょう。

急な時間変更
　30分と聞いていたのに、当日になって主催者から「20分に収めて」と言われたりするケースです。
　これに対しても、「その場の機転に頼った対応」よりも、実は「事前の準備」がモノを言います。つまり、事前に話の構成を練ることによって、「ここで本当に言うべき話題」と「それをストーリー上で支えるための話題」というように、全体の中における重みや位置づけを決めることができるのです。もっと上流にさかのぼれば、プレゼンの目的は何かを深く考えていれば、その過程で「もしプレゼン時間が元々短かったとして、それでもこの時間に相手に伝わって欲しいこと」と「このプレゼンでなくても代替手段で伝達可能なこと」の重みづけをしていることになります。さらに、リハーサルによって、「この話題を一区切り話すには、だいたい何分くらい」という時間感覚もできてきます。

この優先順位と時間感覚ができていれば、急な時間短縮のオーダーが来ても、「〇分短くするのならば、優先順位の低いあの話題とあの話題を抜けばいいな」と当たりをつけることができるのです。
　ペースを上げてしゃべったり、全体的に少しずつ内容を端折りながら話しても、時間短縮は確かにできるでしょうが、内容が聴き手に届かない危険が高まります。

　一方、「時間を長くして」という注文が急に来た場合はどうでしょう。これは、準備していなかったことをせざるを得ないという点で、短くするよりも難易度は高いと言えます。追加する時間がそれほど大きくなければ(目安としては10分未満でしょうか)、相手の理解を丁寧に確かめたり、質問タイムを取ったりすることで本編に影響をあまり与えずに時間を延ばすことができるでしょう。

⑤
❷　**聴き手からの想定外の質問**
　プレゼンにおいて、聴き手の反応を確かめながら行うのは基本です。それから言うと、たとえ想定外の質問が来たとしても、慌てず落ち着いてその質問を受け止め、内容を咀嚼して対応を決めるべき、となります。
　まず見極めが必要なのは、その質問がこのプレゼンで言いたいことの本質に関わるのか否かという点です。本質に関わるものであれば、ある程度時間を割いてでもきちんと答える方がベターです。そのときは、質問者だけに向けて話すのではなく、「非常にいいご質問をいただきました。これにつきましては、〜〜」というように聴き手全体に向けて話すようにするとよいでしょう。
　逆に、本質的でないところの質問の場合は、言葉は悪いかもしれませんが上手く「かわす」必要があります。聴き手は、話し手が気にするよりも「本質的でない質問をしている質問者」に対して好意的でないものです。本筋から外れた形で話し手が質問者につき合っていると、残る大多数の聴き手の反感が高まってしまうのです。質問者の気

分を損ねない上手いかわし方としては、「その件につきましては、後ほど個別にお答えします」と先送りしてしまう手がよく使われます。

　もっとも、質問者の話が要領を得ず、質問者が本当に聞きたいことの見極めができないということもしばしばあります。その場合は、「ご質問の主旨は〜ということでしょうか」などと、話し手側から質問の意味を確認する問いかけを積極的に入れていくとよいでしょう。

機材等の不調

　たとえばパソコンがフリーズしてしまうとか、プロジェクターが故障して映らなくなってしまうといった機材トラブルは、リハーサルによって減らすことはできるといっても、リハーサル自体を行えない場合もありますし、なかなかゼロにはできません。

　プロジェクターによる投影がダメなら紙の資料を掲げてやる、というように代替方法はできる範囲で考えておくに越したことはありませんが、この手の機材トラブルへの対応としては、別の部分が非常に重要です。

　それは、平常心を取り戻すという自分の心理のコントロールと、トラブルでいったん切れてしまった聴き手の気持ちを引きつけ直すという場の空気のコントロールです。

　前者については、人間だれしも、不測のトラブルに動揺することはやむを得ません。ただし、そこで慌ててしまって後のプレゼンに引きずってしまうと、聴き手からみて「話し手の不慣れ感」が目立ってしまい、プレゼン全体の信頼性が下がってしまいます。トラブルは「起きてしまったこと」として割り切って、気持ちを切り替えていく必要があります。具体的には、用意された水を飲む、ゆっくり動く、ポンと拍手するといった何か気持ちを切り替えるアクションを入れるのは一つの手です。

　後者については、ユーモアを交えたコメントなどで一つ笑いを取るのが理想的です。何事もなかったように進めるというのも不自然ですし、話し手に直接責任のないトラブルについてまで「不手際ですみま

せん」とへりくだった態度を強調しすぎるのも、聴き手の気持ちが離れてしまいやすいという意味でお勧めできません。

CHAPTER 5　SECTION 3

リハーサルでのチェックポイント

　当日の実演を上手く行うためには、リハーサルを入念に行うべきです。よくスポーツの世界では練習でできないことは本番でできるわけがないと言われますが、入念なリハーサルがプレゼンテーションの成否を分けると言っても過言ではありません。手を抜かず、リハーサルを繰り返しましょう。リハーサルを通じて伝えたいことに自信と情熱を持ち、完成度を高めることが重要です。

● リハーサルの目的は

　一口にリハーサルと言っても、目的とする段階によって大きく二つに分かれます。
　一つは、本番さながらの状況を作って、それにあらかじめ慣れておくこと、もう一つは、話す内容・話し方を体に覚えさせることです。

　前者については、本番になって想定と違うことがあって慌ててしまうという状況を、いかに避けられるかがポイントです。たとえば、会場の広さと座席の配置だけをとっても、話し手から見える光景は大きく異なります。同じ参加人数30名でも、「広い講堂の前の方にパラパラと座り後方には空席が広がっている」みたいな状況と、「狭い会議室にすし詰め状態で、何人かは普段使わないようなパイプ椅子を出してきて壁際で聞いている」みたいな状況では、声の大きさやトーン、

聴衆を見渡す素振りなどが変わってくるのはおわかりでしょう。

　ほかにも、スクリーンやホワイトボードの大きさや位置、話し手が話す際に動けるスペースの広さ、マイク（使う場合）の使い勝手、部屋の明るさ（と、それに影響を及ぼす、天井の高さや窓の大きさと向き）など、本番の環境に影響を及ぼす要素は、さまざまなものがあります。

　スクリーンに映し出された画像を指しながら話すとき、自分はどの位置に立っていたらよいのかとか、話しながら歩き回れるようなスペースはあるのか、それとも演台などがあって立ち位置は限定されるのか、声は後ろの方まで届くか、最も遠い席の人から見てスクリーンの資料の字は読めるか、部屋の明るさでスクリーンの字は読めるか、というように、実際の会場に立ってみないとわからないことというのは意外に多いのです。

　つまり、前者のリハーサルのゴールは、本番でやりそうな行動は最初から最後まで一通りやってみて、何が起こるか、どう見えるか（聞こえるか）試してみること、となります。

⑤
❸

　もちろん、必ずしも本番同様の会場であらかじめリハーサルができる状況ばかりとは限りませんが、できる範囲ならば少なくとも一回は実際の会場を使っておくことはオススメです。

●「中身を覚える」タイプのリハーサル実施時のチェックポイント

　さて、「本番さながら」のリハーサルは場所を選びますが、「話す内容・話し方を覚える」リハーサルは、必ずしも本番と同じ場所で行う必要はありません。場所の自由度は大きくなります。ストップウォッチとプレゼン資料を用意して、資料をめくりながら台本どおり話せるかをチェックしていくのです。

　具体的なチェックポイントの例としては、以下のとおりです。

①一言めをどんなテンションで始めるのか

　思い切りハイテンションで行くのか、落ち着いた雰囲気で行くのかといった点です。

　特に、初めての相手にプレゼンをする場合は、第一印象がきわめて重要になります。

②イントロから本題に入るまでの長さ

　多くの場合は、本題に入る前に、自己紹介や「本日はお時間を頂戴いたしまして誠にありがとうございます」式の定形的な挨拶、あるいは第3章第2節で触れたような聴き手の共感作りのネタを話す、イントロ部分があるものです。

　本題の部分は原稿をしっかり作る人でも、この辺りは「挨拶＆自己紹介で3分」というように、項目だけ置いておいてアドリブ任せにしてしまいます。そして、いざ話し始めると意外に話が長くなってしまったりしがちです。

③スライドや手元資料に頼らずに話せるか

　慣れないときによくやってしまう典型的なパターンの一つが、資料の映し出されたスクリーンや、手元の原稿（原稿を見て話す場合）ばかり見てしまうというものです。特に、スクリーンばかり見てしまうのは、聴き手から見たときの話し手の姿勢が、いかにもそっぽを向いているように見えてしまい印象が悪くなります。なるべく見る時間を短くするようにしましょう。

　手元原稿の場合は、体の向きは聴き手の方を向いているだけにまだ印象は悪くないですが、それでもアイコンタクトができない、伏し目がちで自信なさげに見えかねない、声がこもりがちになるなど、やはりあまりいいことではありません。

　何より、原稿に頼らず聴き手から目を離さずに話せれば、それだけ「自信がある」「本心から話している」というアピールになります。

④スライドをめくるときのつなぎ言葉はスムーズか

　たとえば、「ここまで、商品コンセプトについてご説明しました。それではこの商品のターゲットとなる顧客はどういう層でしょうか？次のページをご覧ください」というように、あるスライドに関する話が一段落し、次のスライドに移るときの「つなぎ言葉」があるのとないのとでは、聴き手の印象は大きく変わってきます。

⑤大事なパート、最も伝えたいパートを強調できているか

　大事なパートや最も伝えたいパートは、たとえば声のトーンを上げたり、ジェスチャーを加えたり、何らかの演出を施すことになるでしょう。そうした演出がサマになるかどうかは、まずは実際にやってみないとわからないものです。

⑥締めをスムーズに行えるか

　オープニングほどの重要度ではないのですが、プレゼンを終えるときの締めのフレーズもやはりきれいにまとめたいもの。一通り練習しておきたいものです。

　以上、主なチェックポイントを挙げてきましたが、起こりえることを網羅するのは簡単ではありません。以下の例のように、こんなことがと思うようなことも教訓になりえます。職種や職場に特有のチェックポイントも恐らく多くあることでしょう。経験を積みながら、自分なりのチェックポイントを充実させていってください。

失敗例 7

牧野友紀、リハーサル不足が招いた苦い思い出

　牧野友紀は、インターネットサービスのK社の営業担当である。自社が新たに立ちあげたECサイトに、出店する企業を募集するのがメインの業務だ。

今日の午後も、数カ月前から足しげく通っているある老舗メーカーにプレゼンに行く予定である。例によって、牧野は会社の空いている会議室に一人こもって、プレゼンのリハーサルをしていた。プレゼンには、ECサイトの仕組みやメリットなどを説明する紙の資料と、デモ画面を見せるためのノートパソコンとタブレットとスマートフォンが必要となる。これらの機材をスムーズに取り扱って、見せたい画面を見せるには練習が欠かせなかった。

　牧野にはプレゼンで苦い思い出が二つあった。一つは、先方の20人くらい入る会議室でプレゼンを行ったとき、パソコンをプロジェクタにつないで会議資料をスクリーンに投影しながら行ったのだが、機材を置くテーブルとスクリーンとの間隔が思っていた以上に広く、スクリーンを指しながらパソコンの操作を同時にすることができなかったのだ。そのときは慌ててしまったこともあって、テーブルでパソコンを動かしては小走りにスクリーンへ行って強調したい部分を指し、その部分の話が終わってはまた小走りにテーブルへ戻るという状態を繰り返してしまった。結果として、そうした操作に慌てている様子ばかりが印象に残る不出来なプレゼンとなってしまった。
　それ以来、もしものときに使うレーザーポインタやリモコンも常備するようにしたし、スクリーンを指さなくても口頭で見せたい部分を誘導できるようにも心がけた。

　もう一つは、先方の応接室でプレゼンをすることになったのだが、その応接室にあったのがソファセットだったときだ。会議テーブルのようなものを想定していた牧野は、当日初めて応接室に入ったとき少し驚いたが、本当に困ったのは実際にプレゼンを始めたときだった。その日は、ヒザ上丈のスカートと高めのヒールで来てしまったのだ。
　プレゼンをしている間は熱がこもれば自然に上半身は前に出るのだが、脚は揃えて、しかもテーブルの向こうのお客様の視線に入らないよう、斜めに倒しながら話さなければならなかった。

⑤
❸

第5章　練習・リハーサルのやり方とチェックポイント ── 151

それからは、会場の様子が予めわからないときは、パンツスーツにすることにしている。

忙しくて時間が無い場合の「ダイジェスト版リハーサル」

　リハーサルの重要性はこれまで強調してきましたが、日々忙しい私たちビジネスパーソンにとっては、リハーサルを初めから終わりまで通して行うのは難しいことの方が多いのも事実でしょう。そのようなときは、以下のようなポイントに絞ってリハーサルをするとよいでしょう。

・資料を一ページ一ページ見ながら、頭の中で一通りしゃべってみる。特に、ページとページをつなぐ言葉を話せるか、聴衆にアイコンタクトする余裕ができるよう資料ばかり見ないで話せるかを確認しておく

・大事なパートに絞って実演しておく。特に、聴き手にもっとも伝えたいパートや、プレゼンの冒頭や締めのパートなどは、口に出して一通りしゃべってみる

・上記のような実際に話す練習や頭の中でのシミュレーションそれぞれについて時間を測り、想定どおり収まるか確認する

・声が後ろまで届くか、スクリーンの文字は会場最後尾からも十分に見えるかを確認する（本番直前に行うリハーサルでは特に）

・自分自身で注意したい点を改善できているかどうかを確認する（スピード、アイコンタクト、不自然な動作・癖など）

リハーサルは、可能であれば率直にフィードバックをもらえる人に立ち会ってもらうことも有効です。自分ではなかなか気付かない点を指摘してもらえるからです。ただし、フィードバックをもらう相手は、次の二つの要件を備えている人が望ましいでしょう。

　まず一つは、聴き手の状態を適切に推測できることです。プレゼンテーション前の聴き手の認識や感情、プレゼンテーションを通じてのそれらの移りかわりを適切にイメージすることができれば、「聴き手からすると、こう感じるはずである。ゆえにこのように改善するとよいだろう」といったフィードバックを得やすくなります。

　もう一つは、その人自身のプレゼンテーションスキルも高いということです。これは、立ち居振る舞いなどといったテクニカルな側面を適切にフィードバックしてもらうことを期待してのことです。

　もし周囲に適切な人物がいない、あるいは都合がつかない場合は、ビデオでのチェックも有効です。自身のリハーサルの姿をビデオに撮影しておき、確認をすると、自分が思い描いていたイメージとは違うことをしていることが往々にしてあります。

　120ページのストーリーの小菅のように、何かチームで仕事に取り組んでいる中で誰か一人が代表してプレゼンをするというときは、その一人だけが準備するのではなく、チームメンバーもリハーサルにおける「聴き手＆フィードバック役」として協力するとよいでしょう。

　日々忙しい私たちは、ついリハーサルを疎かにしてしまいがちです。しかし、リハーサルは手を抜かず、可能な限り準備を重ねてほしいものです。入念に準備をすることで改善点を見つけることができ、結果的にプレゼンが成功する確率も高まるからです。「時間を割いて自分の話を聞いてくれる聴き手に対して感謝の気持ちを持つ」と、リハーサルの場面も気が引き締まるでしょう。

⑤
❸

第5章　練習・リハーサルのやり方とチェックポイント —— 153

第5章のまとめ

「立ち居振る舞い」と「話し方」は、普段から意識してスキルを身につけよう
- 一人当たり2、3秒、相手の目を見て語りかけるアイコンタクトを忘れずに
- まっすぐに姿勢よく立ち、話している最中、フラフラしない
- 動作をするときは、ゆっくり、大きく、堂々と
- メッセージに合わせて、表情も豊かに
- 聴き手、メッセージ、自分のキャラクターと調和する身だしなみを
- 一言一言、適切なボリュームでクリアに話す
- 自分のチャームポイントを認識し、普段からそれを意識して自己プロデュースする
- スキルを高めるには経験が重要。「人前で意見を表明する」機会があったらできるだけ経験するようにする

聴き手の心理状態に注目して柔軟に行動を変える
- 話す内容や手順はなるべく覚えてしまい、当日の現場ではなるべく聴き手の動きや表情に関心を向ける
- 聴き手の反応が想定外だった場合は、焦らず、かつ速やかにこちらの行動を修正する
- 聴き手の反応に対処するだけでなく、特に出だしや締めくくりなど、こちらから場の空気を作りに行く
- 不測の事態で慌て過ぎないためにも、メッセージとストーリーの準備は重要

「本番と同じ段取りを予行する」ことと「話す中身を体で覚える」ことの両面からリハーサルは重要
- 「本番の予行」パターンでは、振る舞いや声、機材を用いた段取りをチェック
- 「中身を覚える」パターンは、口に出してみてスムーズにいくかをチェック
- 時間をかけられない場合でも、ポイントを絞って頭の中でシミュレーションはやっておきたい
- できれば、信頼できる人に見てもらってフィードバックをもらうとよい

STORY
プレゼンを終えて

「カンパーイ！」

　小菅たちは行きつけのレストランで祝杯を上げた。コンテストでは見事に最優秀賞を獲得したのだ。
　審査員からは、
「企画内容もさることながら、プレゼンもよかった」
「実現性はもしかすると疑問符がつくが、世の中の空気を変えようという志の高さが感じられたし、楽しそうで多くの人を巻き込めそうだと思った」
「小菅さんのつむぎ姿がよかった。『カジュアルな和のよさを広める』という字面だけではなかなか伝わりにくいニュアンスが、あのビジュアルで一発で伝わった」
　といったコメントが寄せられた。プレゼンの力が貢献したことは間違いなかった。

高石は、お酒も入って早々に赤くなった顔で、興奮気味に語った。
「いやあ、今回は勉強になったよ。正直、始まる前は10分間で言いたいことが伝えられないなと不満だったんだ。でも、そうじゃなかった。その場の目的に沿って聴き手に響くことを伝えるって、こういうことだったんだな」
「本当だな。それを教えてくれた寺岡さんに感謝だな」
「寺岡さん、残念ながら営業で来られなかったけど、さっきメールでご報告したら、すぐに折り返し直接電話が来たよ。お礼言っておいた」
「気にしててくれたんだな。寺岡さんにアドバイスを求めにいった、小菅さん和田さんの行動力にも感謝しないとな」
「ううん、あとね、後輩から『あの企画、本気でやるんですか？　ぜひお手伝いさせてください』ってメールが来たよ」
　少し離れた席で別のメンバーと談笑していた島本も、この話題を耳にして割り込んできた。
「おお、俺のところにも『一丁噛ませてくれよ』ってメールが何件も来たよ。これだけ反響があるってのは嬉しいな。取ったからいうが、賞なんてオマケだよ。自分たちが企画したことに、他人が共感して賛同して、そのうえ協力もしてくれる。これが本当に大事なことなんだな」
「そうねえ」

　皆の熱い語りを聴きながら、小菅はもう一つ嬉しい出来事を思い出していた。コンテストが終わった後、上司に話しかけられたのだ。
「いやあ、小菅さん、おめでとう。まじめでしっかりしているのは前からわかっていたけれど、人前に立ってあんなふうに魅せる力があったなんて、驚いたな」
「ありがとうございます。でも、私なんてそんな。チームのメンバーの企画のおかげです」
「そのうち部の仕事でも、こうしたプレゼンの機会があるだろうか

ら、ぜひやってみるといい」
「はい」

（これまでの私だったら、こんな感じで仕事を任されることも、自分から買って出ることもなかっただろうな。かといって、眠っていた才能が開花したなんてことでも全然ない。ただ何点かアドバイスをいただいて、それをもとに自分でもいろいろ考えて、勇気を持って行動に移してみたら、こうなった。せっかくだから、もう少し「プレゼンの上手い小菅さん」のイメージで行かせてもらおうかな）

あとがき
志を高く、可能性を信じる

　以上、本書では誰もが一定水準までに到達できるようなスキルについて解説してきましたが、現実には、仮に中身の構成やパフォーマンス面でつたない要素があっても、聴き手の感動を誘うプレゼンというものもあります。
　そんなプレゼンには何が含まれているのでしょうか。いろいろな要素が考えられますが、ビジネスリーダーのプレゼンにとって参考になるのは、①話し手の気迫と②目的の正当性の二点だと思います。

　①の話し手の気迫とは、話し手が伝えようとしていることを心底から信じ、伝えたいと願っているということです。気迫という言葉を使いましたが、真剣さ、必死さ、切迫感などと言ってもよいでしょう。「この話を相手に届けたい」と頭に思い描き、心の底から信じているかどうかは、口に出さなくても表情や口調などから態度に表れるものです。裏返せば、自分で心底信じられないこと、そこまでの熱意を感じていないことを話していても、いずれ見透かされる危険が大きいものです。

　ただし、あまり利己的な理由で一生懸命になられても聴き手は共感できません。第2章で詳述したように、聴き手にとってのメリットを提示できればそれがベターなのですが、メリットの提示が仮に上手くいかなかったとしても、①の気迫に②の目的の正当性が加わることで聴き手を動かすことができるでしょう。

目的の正当性とは、聴き手にとって直接のメリットは及ばなくとも、社会的に「善」あるいは「やるべきこと」と見なされているということです。たとえば、同じような切実さをもって訴えたとしても、「私の地位を守るために手を貸してほしい」というのと、「次世代の子どもたちに豊かな社会を残すために頑張ろう」というのでは、聴き手の印象は大きく変わってくることでしょう。

　①の気迫（真剣に、切実に信じられるメッセージを持つこと）と、②の目的の正当性（社会的善を目指していること）とは、プレゼン自体の説得力に効果があるばかりではありません。本書では、自己プロデュースしてチャームポイントを作っていこうとか、日頃から機会を捉えて自分の意見を発信していこうというように、プレゼン力の「さらに上」を目指すためには日常的な態度を律するとよいと言ってきました。
　これらの行動は、一つひとつを取り出せば決して難しいことは言っていないつもりですが、日常的に実行していくには強い意志が必要で、そんな意志を持ち続けることは、なかなか難しいことでしょう。この難しいことを可能にするには、自分がビジネス人生を通じて成し遂げたい、自分が夢中になって没入できるという志が重要になってきます。また、その志は世の中から評価されるものであって、きっと実現できるだろうと信じられることも重要です。
　志を高く持ち、自分の可能性を前向きに信じることが、ビジネスリーダーとしての説得力をより上げるために、重要なマインドセットとなるのです。
　本書で説明してきたステップやスキルはもちろん重要です。それと同時に、このマインドセットについても、ぜひ心に留めていただきたいと思います。

　最後に、本書を執筆するにあたってご協力いただいた方々に、改めて感謝を申し上げます。本書の内容は、日夜、スクールや研修で開催

されるビジネス・プレゼンテーションのクラスで磨かれてきた実践的な示唆に基づいています。これまで関与された全ての講師、受講生、運営スタッフの方々に感謝します。特に、本書の基となったビジネス・プレゼンテーションのクラス開発に尽力されたグロービス経営大学院教授の吉田素文さんには、全体にわたって監修をいただきました。また、グロービス経営大学院准教授の廣田元さん、グロービスで出版局書籍編集長を務める加藤小也香さん、前出版局長で現在はグロービス電子出版編集長兼発行人の嶋田毅さんには、本書の構成から細部の工夫に至るまで随所で意見をいただきました。

そして、ダイヤモンド社書籍編集局第一編集部の木山政行副編集長と真田友美さんには、書籍化にあたってさまざまなアドバイスをいただきました。

本書を手に取った一人でも多くの皆さんが、実際にプレゼンテーションの参考にしていただけることを、心から願っております。

執筆者一同

【執筆者紹介】

中丸 雄一郎（なかまる ゆういちろう）

上智大学経済学部卒業。グロービス経営大学院（MBA）修了。
外資系コンサルティングファームを経て、グロービスに入社。グロービス経営大学院の思考ファカルティ・グループにて主任研究員を務め、同領域の研究・教材開発・講師育成などを行う。現在は、法人向け人材育成・組織開発コンサルティング部門にて次世代経営者育成を中心とした人材育成・組織開発の企画・設計・実行に従事。自らも講師としてグロービス経営大学院や企業研修にて、思考系科目を多数担当。
共著に『改訂3版 グロービスMBAクリティカル・シンキング』（ダイヤモンド社）がある。

山臺 尚子（やまだい ひさこ）

大学院修了後、大手特許事務所を経てグロービスに入社。消費財、IT、物流・運輸業界向けに経営課題解決のための人材育成体系構築支援や中期経営計画・戦略実現の支援、経営人材候補者の強化を目的とする研修プログラムの企画・実施を多数担当。グロービス経営大学院の講座開発を担当するとともに、思考系科目の研修講師としても登壇。

大島 一樹（おおしま かずき）

東京大学法学部卒業後、金融機関を経てグロービスへ入社し、思考系科目の教材開発、講師などに従事。現在はグロービス出版局にて書籍の企画、執筆、編集を担当。共著書に『MBA定量分析と意思決定』『改訂3版グロービスMBAクリティカル・シンキング』（以上ダイヤモンド社）など。

【監修】

吉田 素文（よしだ もとふみ）

グロービス経営大学院教授。立教大学大学院文学研究科教育学専攻修士課程修了。ロンドン・ビジネススクール SEP（Senior Executive Program）修了。大手私鉄会社を経て現職。グロービスでは論理思考・問題解決・コミュニケーション・経営戦略・リーダーシップ・アカウンティング等の領域を中心に、プログラム・コンテンツ開発を行うとともに、グロービス経営大学院での講義、および企業研修でのアクションラーニングの講師を多数務める。共著書に『MBAクリティカル・シンキング』（ダイヤモンド社）がある。

【企画協力】

加藤 小也香（かとう さやか）

嶋田 毅（しまだ つよし）

廣田 元（ひろた はじめ）

［著者］
グロービス

1992年の設立来、「経営に関する「ヒト」「カネ」「チエ」の生態系を創り、社会の創造と変革を行う」ことをビジョンに掲げ、各種事業を展開している。
グロービスには以下の事業がある。（http://www.globis.co.jp/）
- グロービス経営大学院（東京・大阪・名古屋・仙台・福岡）
- グロービス・コーポレート・エデュケーション（法人向け人材育成サービス／日本・上海・シンガポール）
- グロービス・キャピタル・パートナーズ（ベンチャーキャピタル事業）
- グロービス出版（出版／電子出版事業）
- オンライン経営情報誌「GLOBIS.JP」
- 動画専門サイト「GLOBIS.TV」

その他の事業：
- 一般社団法人G1サミット（カンファレンス運営）
- 一般財団法人KIBOW（震災復興支援活動）

グロービスMBAで教えている
プレゼンの技術
——人を動かす勝利の方程式

2014年9月26日　第1刷発行
2024年1月31日　第4刷発行

著　者———グロービス
監修————吉田素文
発行所———ダイヤモンド社
　　　　〒150-8409　東京都渋谷区神宮前6-12-17
　　　　https://www.diamond.co.jp/
　　　　電話／03・5778・7233（編集）　03・5778・7240（販売）
装丁————武田厚志（SOUVENIR DESIGN INC.）
本文デザイン—岸和泉
製作進行———ダイヤモンド・グラフィック社
印刷・製本——ベクトル印刷
編集担当———真田友美

©2014 グロービス
ISBN 978-4-478-02599-4
落丁・乱丁本はお手数ですが小社営業局宛にお送りください。送料小社負担にてお取替えいたします。但し、古書店で購入されたものについてはお取替えできません。
無断転載・複製を禁ず
Printed in Japan

◆ダイヤモンド社の本◆

基本のフレームワークは、こうすれば使える武器になる！

3C、5つの力、バリューチェーン、差別化、集中戦略……MBAの人気講座の重要ポイントをミドルリーダーの行動を通じて理解

ストーリーで学ぶ戦略思考入門
仕事にすぐ活かせる10のフレームワーク
グロービス経営大学院 ［著］ 荒木博行 ［執筆］

●四六判並製●定価（本体1500円＋税）

http://www.diamond.co.jp/